がんばりすぎずに

しれっと認知症介護

工藤広伸

新日本出版社

はじめに――悩みつつ日々穏やかに

わたしの介護歴

わたしは40歳の時、祖母と母の介護のため会社を辞め、認知症介護をして6年目になります。今は文章を書くことで生計を立て、母の住む岩手と東京を年間約20往復しながら、遠距離介護を「しれっと」続けています。

認知症のコラムを本やインターネットサイトで発表すると、全国の認知症介護をしているご家族、医師、介護職の方々から、たくさんのコメントを頂きます。インターネットの中で、巨大な認知症介護の家族会を運営しているような錯覚に陥ることもあります。認知症介護には、いろんな形があることを、皆さまから学んでいます。

２０１２年11月、アルツハイマー型認知症の祖母（当時89歳。要介護３）の子宮頸《けい》がんが見つかり、余命半年と宣告されました。祖母の介護をしていた母（当時69歳。

手足の難病で要支援1）がわたしに残した留守電メッセージが、10件連続同じ内容だったことで、母の認知症も確定しました。それから祖母を1年介護してみとり、今は要介護1の母を介護しています。

家族目線で「置いてけぼり」にしない本

二人の認知症介護を始めたとき、40代で認知症に詳しい人は周りにいませんでした。そこで、本やインターネットで徹底的に認知症の勉強をしました。しかし、有名な医師や介護のプロが提案する対処法は数多くあるのに、その教科書的な対応が母には合いませんでした。

「仕事として介護はできるけど、家族として介護ができるかは分からない」と言う医療・介護職の人がいます。認知症の人と向き合う時間の長さや、最後まで面倒を見るという覚悟に大きな差があるからではないでしょうか？　つい怒鳴ってしまったり、手を出してしまったりしたあとの自己嫌悪や後ろめたい気持ちは、家族特有のものだと思います。わたしは、そういう家族ならではの目線で、難しい医学用語を使わず認知症についてお話ししていきたいと思います。

例えば、和尚さんが唱えるお経は、「意味は分からないけどありがたいもの」と思いながら、手を合わせ聞き入る方も多いと思います。しかし「お経を唱えてみて」と言われても、難しくて再現できません。認知症介護においても、医師の専門用語に家族がついていけないことがよくあります。この本は、読者の皆さんを置いてけぼりにしないよう、分かりやすく、読み終わったあとも再現できるよう工夫しています。

シニア世代だからこそわかるつきあい方

皆さんは、膝や腰の痛み、首や肩のこり、目の疲れはありますか？

痛みが気になる日もあれば、全く気にならない日もあるでしょう。年齢を重ねると、体のどこかしらに痛みがあって、それでもその痛みと上手につきあいながら生活していると思います。腰が痛ければ湿布を貼る、目が疲れたら目薬をさす。痛みは完全になくならなくても、痛みを消す知恵やごまかし方を皆さんは知っています。

認知症介護も、この痛みとのつきあい方とすごく似ていると思います。一般的には治らない病気と言われている認知症を、お薬を使って進行を遅らせたり、症状を和らげたり、介護者が接し方を工夫することで、介護のつらさが和らいだりすることもあります。

もし、医師やお薬が認知症を「完璧に」治してくれるのなら、この世に悩み苦しむ介護者はいないでしょう。しかし、現代の医学では、認知症は治らないのですから、シニア世代が日常的に抱える膝や腰の痛みとつきあうかのように、認知症という病気とも、上手につきあっていかなくてはなりません。

認知症介護で大切な「二つの心構え」

認知症介護をよりよいものにするために、わたしは「二つの心構え」が大切だと考えています。

一つ目は「介護者はムリをせず、ラクをしよう」ということです。

介護する側のイライラは、介護される認知症の人に伝染すると思っています。不機嫌な人が場に一人いるだけで空気がしらけてしまう、あの感じに似ています。なので、わたしはストレスを溜めすぎず幸せな介護者であり続けるための努力をしています。

そのためには、介護サービスを積極的に利用します。孤独に介護をすることはちっとも偉くないと思っていますし、そこにプライドはありません。介護者自身の幸せが認知症の人の幸せにつながると考えています。

二つ目は「人の心を変えることは難しい、でも自分の心を変えるのは簡単」ということです。これは認知症介護に限らず、どんな場面においても言えることだと思いますが、介護する側は、どうしても自分の常識に当てはめがちです。

例えば、「ここは家だよ」と認知症の人に3回伝えたら理解するはずだ、と自分の常識で考えてしまいます。3回も伝えたのに「家に帰りたい」と言われたら、つい相手を責めてしまうのです。そんなときは、「認知症という病気がそうさせているのだからしょうがない」と自分の心を変える努力をすれば良いと思っています。

認知症介護で苦しまないための工夫を考え続けて現在に至ります。悩みはありつつも、何事もないかのように「しれっと」した介護を心がけています。読者の皆さま、そして認知症のご本人にも、一緒に穏やかな日々を送るための工夫や気づきを、この本で提供できれば嬉しいです。

工藤　広伸

がんばりすぎずに　しれっと認知症介護

目次

はじめに――悩みつつ日々穏やかに　3

1
認知症を受け止める　13
認知症の人も「プライド」を持っている　13
本人に認知症だと気づいて欲しいとき　18
認知症は「そこまで」悪い病気ではない　20
認知症の人は一番近い介護者の影響を受ける　22
「今」この瞬間を生きる　26
介護する人が「笑顔」でいることの大切さ　29
嘘の罪悪感との向き合い方　31
「人生歴」に行動のヒントがある！　34
同じ物を何個も買っても寛容に　38
認知症介護が「楽しい」と思える瞬間　42

2
ものを通した認知症理解　47
認知症の人は「真っ白な部屋」の中にいる　48

繰り返す「今日は何日?」に試した時計 50
「今いくつ?」に答えた「ろうそく」 54
最新式より慣れたものを 56
「ものを取られた」には、すぐ発見で解決! 60
遠く離れても見守る目 64
希望をかなえるためのエンディングノート 68
「もの」でも決して解決できない悩み 71

3 視点を変えて気持ちをラクに

75
デイサービスに行く気にさせる 75
「悪口」には「肯定」で返す 80
「ほめて」お互い笑顔に 83
小さな「ありがとう」を繰り返す 87
10秒我慢で心を切り替える 91
介護者自身に余裕がないと 96
「心技体」より「体技心」 99
変化がなくても進歩だと考える 103
ラクな認知症介護の大前提となるお薬 106

「慣れる」が自分を守る　110
悩みを書き留める効用　113
認知症介護の次に大きな悩みはなんですか？　117
先の見えない認知症介護に絶望しない方法　119

4　ひとりで抱え込まずに　121

共感疲労から身を守る　121
信頼のできる医師を探す　124
施設や病院に預ける時の不安を解消　127
認知症１１０番を活用　130

おわりに——「なんとかなる」の心で　135

参考文献　145
巻末「認知症の人と家族の会」連絡先

＊本文イラスト　くすかみみほ

1　認知症を受け止める

認知症の人も「プライド」を持っている

人は誰でも「プライド」を持って生きています。わたしが祖母と母、二人の認知症介護をしてきて感じた、認知症の人の「四つのプライド」について、まずご紹介します。

四つのプライドとは？

一つ目は、家族は明らかに認知症だと思っていても、当の本人が認知症を認めないという、介護が始まる時期によく見受けられる状態です。最初は「なんてプライドの高い人だ！　頑固者！」と決めつけて、家族は無理に病院へ連れて行こうとします。認知症になってプライドが高くなったと思ってしまうのですが、これはプライドの問題ではなく、ご本人が本気で認知症だと思っていないだけなのです。

二つ目は、自分の能力は衰えてないというプライドです。わたしの母（74歳、要介護1）は料理上手で、かつてはテーブルが隠れるほどたくさん品数を作る人でした。しかし、認知症になった今は、品数は全盛期の1割程度。硬いニンジン入りの肉じゃがや、味のない野菜炒めが出てくることもあります。本人のイメージは昔のままで、料理は何でもできると思っています。

三つ目は、昔の記憶が鮮明な認知症の人にとって、直近の記憶よりも、若い頃の実績がプライドとして残っている、ということです。亡くなった祖母は、今でいうキャリアウーマンでした。大手建設会社で働いたことを最期まで誇りに思っていたようで、社名を言うと喜んでいました。男性は勤務先、役職、仕事の実績、女性は恋愛、結婚、子育てといった生活の中に、プライドを持っておられることが多いように思います。

四つ目は、自分がやってしまった失敗を全く認めないプライドです。ある日、母が住む家の押し入れから、賞味期限が3年過ぎた生菓子が出てきました。母に聞いてみると、「誰かがそこに入れた」と言いました。よく物をなくす母ですが、「娘が持って行った」と人のせいにします。

認知症の人が持つ四つのプライド

○認知症ではない
○何でもできる
○昔はすごかった
○自分は常に正しい

認知症の有無にかかわらず、誰もが人間としてのプライドがある

介護者もプライドを捨てよう！

この四つのプライドが、認知症の人とのケンカの原因になることもあります。しかし、わたしはそんな時、プライドがある＝能力が保たれている、と考えるようにしています。

干からびた生菓子を息子に見つけられ「誰かがそこ

に入れた」と言う取り繕《つくろ》いも、自分のプライドを傷つけられたくないという防御の気持ちから生まれた言葉です。母には、恥ずかしいという感覚がまだ残っている証拠だと思いました。祖母を最期までみとって感じたのは、こういったプライドは、死に近づくにつれ、少しずつ消えていくということでした。

自分のプライドを守るため必死に取り繕い、ウソを重ねて言い訳した経験は誰もがあると思います。認知症の人が特別なのではなく、誰でも自分のプライドを傷つけられたくな

いのです。認知症の人の取り繕いや言い訳には巧妙さがなく、少し下手で純粋なのが特徴です。介護する人は、「何言っているの！」を「そうなんだ」の一言に変えることがとても大切です。

そして、介護する人自身がもつプライドを捨てることも、認知症介護をラクにする秘訣《ひけつ》だと思います。自分ですべて介護をしないといけないというプライド、認知症介護をしていることを誰にも知られたくないというプライド、子どもだから夫婦だから嫁だから介護を引き受けないといけないというプライド、在宅で介護しないといけないというプライド。プライドが、かえってご自身の負担になっていることもあるかもしれません。そのプライドを捨てて介護ができたら、もっとラクになれるのに……。認知症の人のプライドが高いと悩む前に、まずはご自身のプライドを捨てることから始めてみませんか？

本人に認知症だと気づいて欲しいとき

「認知症の人に、認知症だと気づいて欲しい」と考えるご家族がいらっしゃいます。認知症だから早く病院に行って欲しい、認知症だから介護施設に入って欲しい……。そういった家族の心配をよそに、当の本人は認知症だと全く思っていません。

これは、介護が始まって間もない多くのご家族が持つ心配事ですが、わたしは「認知症という病気を、急いで本人に気づいてもらう必要はない」と考えています。

家族を思いやる気持ちはとてもよく分かるのですが、例えば自分自身が「認知症です」と告知されたら、どんな気持ちになるでしょうか？　メディアが報じる認知症のマイナスイメージから、激しく落ち込むのではないでしょうか？　日本認知症ワーキンググループの共同代表で若年性認知症の当事者である藤田和子さんは、診断されたときのことを「早期発見、早期絶望」と語っています。

わたしは認知症の母と暮らして6年目になりますが、「認知症」とはっきり言わず、未だにあいまいなまま過ごしています。「年相応のもの忘れ」と言うこともありますし、母が「わたし、認知症なの？」と言えば、「そんな部分もあるかも」と言うこともあります。

こんなあいまいな状態でも、ものわすれ外来に毎月通っていますし、お薬も飲み、介護保険サービスも利用しています。医師の中にも、あえて本人への告知を先送りする方もいます。工夫次第で、認知症と告知しなくとも、医療・介護共に前に進めることは可能です。

何も、すべてを白黒はっきりさせる必要はないのではないでしょうか。ご本人が、認知症と認めたくないと思っているうちは、いつの日か受け入れるまであえて告知しないで、時が過ぎるのを待つという選択肢もあると思います。

認知症は「そこまで」悪い病気ではない

これから認知症介護が始まる、あるいは準備しているという方と、よくお会いします。皆さん不安を抱え、落ち込み、泣きだしてしまう人もいます。わたしもそういった時期がありましたが、経験や慣れが加わって、今では少し余裕があります。

なぜそこまで認知症に対して悲観し、人生が終わったかのように落ち込むのか。それは「必要以上」に、認知症という病気のイメージを悪く持っているからだと思っています。介護殺人や無理心中、生活苦といったニュース、週刊誌の見出しのイメージが強くあるから、絶望してしまうのです。でも、ひとつだけ言わせてください、「認知症という病気は、そこまで悪いものではない」と。多くの人が、偏った認知症の情報収集をしているように思います。認知症介護でいい話など、今まで聞いたことがないから、必要以上の不安を抱えてしまうのです。

わざわざ10キログラムの重りをつけて、海深く潜水しているようにも見えます。そんな重りは砂浜に置けばいいし、そこまで深く潜らなくてもいいのに……。6年認知症介護を経験して思うことです。そこまで悪いものではないと思える経験を、この本に多く書きました。

介護が始まってもいないのに、体力も精神力も使い果たして疲弊している、そんな人も多くみかけます。先は長いのですから、体力はできるだけ温存しておきましょう。

医師に過剰な期待をしない！

一方で、医師やお薬に対して「過剰に」期待している方が多くいらっしゃいます。まずは病院へ行き、医師にさえ診てもらえたらどうにかなる……。溺れる者は藁《わら》をもつかむと言いますが、まさにそんな状態です。

しかし、医師に頼ったりお薬を使ったりしても、認知症は完全に治りません。過剰に期待してしまうから、失望してしまうのです。介護者は、認知症という病気のマイナスイメージにつぶされる必要もなければ、医師や薬に対して魔法のような期待を寄せて失望する必要もありません。

認知症の専門医自身も、「認知症の診断で、誤診がよくある」と本で言っています。「認知症になったら、寿命は半年です」そう医師に言われて絶望した方が、わたしのブログにいらっしゃいましたが、とんでもない診断です。

本当は、介護者が認知症の勉強をして、認知症の人を守ってあげられるのが理想です。勉強が苦手だったら、勉強している介護仲間を見つけることも大切です。医師がすべてではなく、友人知人は認知症の薬以上に頼りになることがあります。

医師やお薬に対して過剰に期待せず、認知症という病気を過剰に恐れない。腹八分目ぐらいに力を抜いて認知症と向き合ったほうが、介護が長くうまくいくような気がします。

認知症の人は一番近い介護者の影響を受ける

認知症の人の一人暮らしは火事や徘徊、人との会話が減り、認知症の進行が早くなるなど、マイナスでしかないと考える方は多いと思います。しかし、毎月通うものわすれ外来での母の言葉に、ハッとさせられたのです。

かかりつけ医との問診でこのようなやりとりがありました。

「何か変わったこと、お困りのことはありませんか？」

「な～に、一人で好きにのんびり暮らしていますし、誰かに何を言われるわけでもないですから、何も困っていません」

「もの忘れとかは大丈夫ですか？」

「忘れていたとしても一人ですから、生活に困ることもありません」

ひょっとしたらわたしは介護ではなく、母のストレスの原因を作っているだけなのか？　そう思えたのです。夜中に起き出したり、汚れた下着をタンスに隠したり、生ゴミが冷蔵庫の中から出て来たり……。わたしにとっては異様なことでも、母がひとりで生活できているのなら、これらは異様ではありません。異様と指摘するわたしの存在が、母には異様ではないかと思えたのです。

わたしたち介護者は、認知症の人を介護している、お世話している、いいことをしてあげていると思っている（勘違いしている）一方で、余計な刺激やストレスも常に与え続けている存在でもあります。もし介護者がそこにいなければ、余計な波風は立ちませんし、言い争いのない平穏な日々を過ごせているかもしれないのです。

一人で生活させるなんて……、と心配するご家族は多いと思います。しかし、その家族が悪い刺激を与え、認知症の症状を生み出す原因となっていたとしたら、一人でのんびり生活するという選択肢もあるのかな……。母と医師の問診を聞いて、そう思いました。

母は、週2回のデイサービス、訪問リハビリ、訪問看護などを利用していますが、誰からも余計な刺激を与えられず、いい刺激だけをもらっています。唯一、余計な刺激を与えるとしたら、主介護者であるわたしくらいです。

デイサービスや介護施設などで、認知症の人同士が同じ話を延々と繰り返しているのに、当事者は楽しそうという光景をよく見かけると思います。わたしは「幸せのループ」と呼んでいますが、話に割って入って、「同じ話を繰り返していますよ」という、余計な刺激は必要ないわけです。

音楽家の親族が多い環境で育った子どもが音楽家になる確率が高いように、一緒に生活している介護者が、認知症の人に一番大きな影響を与えていると思います。川崎市・川崎幸《さいわい》クリニックの杉山孝博先生の「作用・反作用の法則」※に当てはめて考えれば、いつも怒っている介護者の家には、怒る認知症の人がいます。穏やかな介護者の家には、穏やかな認知症の人がいます。それほど、介護者が与える影響は大きいのです。

認知症の人の一人暮らしはリスクもありますが、余計なストレスを与えないという意味では、本人にとって天国なのかもしれない……。最近、わたしが思っていることです。

※「作用・反作用の法則」…介護者の気持ちや状態が認知症の人の言動に鏡のように反映すること

「今」この瞬間を生きる

「今ここに強烈なスポットライトを当てていたら、過去も未来も見えなくなるでしょう」

この言葉は、累計160万部のベストセラー『嫌われる勇気』（岸見一郎、古賀史健著、2013年ダイヤモンド社）という本の一節です。わたしはこの一節が、認知症介護をしている人にとって「特別な言葉」になると思っています。

過去に執着しない、未来を不安視しすぎない

わたしは認知症の母が、今という瞬間に強烈なスポットライトを当てて生きているように感じます。母は昨日あったことを忘れ、さっき何を食べたのかも思い出せません。明日の予定も、カレンダーを見ないと分かりませんし、見たとしてもすぐ忘れて

しまいます。

認知症の人の多くは、今という瞬間の記憶を頼りに、一生懸命生きています。なのに、介護するわたしたちは未来への不安から、今を一生懸命生きられません。この介護はあと何年続くのかといった不安が、どうしても頭をよぎります。

わたしも現役の介護者なので、その不安な気持ちは痛いほど分かります。しかし、目の前の母が今を一生懸命生きているのに、自分だけが「今」を大切にできないでどうするのか、と思いました。

認知症の症状がこの先どう変化するかは、誰にも分かりません。未来を不安視する時間はもったいないです。また、認知症の人の言動で嫌な思いをした介護者が、いつまでも根に持つのも時間の無駄です。認知症の人は過去に執着していないのに、自分だけがいつまでも執着していたりしませんか？

過去や未来のことばかり考えるという選択をするのか、切り替えて今に集中するという選択をするのかは、すべて介護者次第ということです。

後悔しない認知症介護

わたしは認知症の祖母を90歳でみとった時、もっと早く子宮頸がんを発見できたら、もっといい病院を見つけていたらと、「もっと」を繰り返して後悔しました。しかし、これらはすべて過去のことであり、どうすることもできません。

なので、母には介護で同じ後悔はしないようにしたいと思いました。そう思えたのは、「今ここにスポットライトを当てる」という言葉のおかげです。

わたしたち認知症介護をしている人は、不器用で真っすぐな生き方をしている認知症の人から、「今という瞬間の大切さ」を間近で学ぶことができます。人生は一度しかなく、今しかできないことが必ずあるはずです。

いずれ、認知症の人をみとる日がきます。それは、あまりに突然であっけないものです。寝顔をジッと見て、呼吸していることにホッとすることも、毎日やっていた食事の世話も、ある日急にする必要がなくなります。

そうなった時に、もっと優しく接していれば、もっとおいしい物を食べさせてあげればと、わたしのように後悔してほしくありません。だったら小さなことでもいい、今できること、やれることから始めてみませんか？

介護する人が「笑顔」でいることの大切さ

進行した認知症の人に、「笑顔」「泣き顔」「怒った顔」「驚いた顔」など、さまざまな表情を見せて、「この人はどんな気持ちか？」と聞くと、「驚いた顔」や「怒った顔」はあまり認識できないのに、「笑顔」だけは大部分の人が認識できたという研究結果があります。

認知症の人は、他人の表情を読み取る能力がだんだん低下するのですが、笑顔、つまり「相手が幸せか、幸せでないか」を読み取る能力は、最期まで衰えないことが分かりました。わたしの認知症介護が「少しだけ」ラクなのは、わたしが常に「笑顔」でいるからだと、この研究結果を聞いた時に思いました。

というのも小学生の頃、担任の先生に怒られている最中「笑顔」でいたので、「反省の色がない！」と言われ、「2度」怒られた経験があるからです。それでも、この笑顔のおかげでいいことの方が多かったように思います。

みなさんは、1日のうちどれくらい「笑顔」の時間がありますか？「それ、口に入れちゃダメ！」、「ちょっと、どこに行くの！」と怒鳴ったり、泣きわめいたりする時間のほうが多い介護者もいるかもしれません。時には自分を責めすぎて、このまま死んでしまいたいとまで思い詰めることもあるでしょう。しかし、それらの時間は介護者にとって「幸せでない」時間なので、認知症の人が読み取れない時間ということになります。

「認知症の人に、最期の瞬間までわたしのことを覚えていて欲しい」

そう願う介護者は多いと思います。どうしたらいいかというと、介護者の「幸せでない」時間を減らして、「笑顔」の時間を増やすことです。

亡くなった祖母は、認知症テストで30点満点中5点しか取れないところまで認知症が進行しました。それでも最期の瞬間まで、孫のわたしを覚えていてくれました。きっと病室でも「笑顔」の時間が多かったからだと思います。

嘘の罪悪感との向き合い方

認知症の母は、嘘つきです。いや、認知症という病気が嘘をつかせています。今日も、デイサービスの所長と相談員さんが来て、家の庭の草むしりをしてくれたと言っています。わたしが草をむしったのにです……。

しかし、わたしも負けないくらい母に嘘をついています。介護離職したのに、まだ会社で働いていると言っています。たくさんの親族が亡くなっているのに、みんな元気だと伝えています。余計な心配をかけないための嘘なのですが、嘘に嘘を重ね続けた結果、今にも崩れそうな積み木のようになっています。

人間、嘘をつくことに罪悪感を覚えてしまいがちです。「嘘つきは泥棒のはじまり」ということわざがあります。あるいは「嘘をつくと閻魔《えんま》様に舌を抜かれる」と、自分の子どもをしつけた経験もあるかもしれません。それくらい「嘘は悪いもの」と、教えられてきました。

認知症介護における嘘とは？

認知症介護において、嘘をつくときはどうでしょう？

罪悪感を持って、介護している方がいらっしゃいます。嘘は悪いものと教えられてきたから、嘘をついてしまう自分が嫌になり、認知症の人をだますことにも罪悪感を覚えてしまいます。

しかしその嘘で、認知症の人も介護する人も幸せに暮らせるのなら、罪悪感など捨てて、嘘を楽しめばいいとわたしは思います。認知症介護で、本当に覚えておかなければならない言葉は、むしろこちらです。

「嘘も100回つけば、真実になる」

わたしがお世話になっている、「なないろのとびら診療所」（岩手県盛岡市）の訪問看護師さんが、こんなことを言っていました。

「たまに帰省されるご家族が、認知症の人とわたしたちで作ってきた嘘の心地いい世界を、正論で壊してしまうことがあります」

認知症の人が見えるはずのないものを見えるといったとき、看護師さんは優しく「そうですね」と声をかけていたのに、家族は初めて見るその症状に驚いて「何言っているの！」と、つい声を荒らげてしまうのです。せっかく嘘を100回ついて真実にしようとしていたのに、家族がリセットしてしまったのです。

わたしも6年という介護の月日が、嘘を真実にしてくれたと思っていますし、それに対しての罪悪感はゼロです。嘘がなければ、もっと大変な認知症介護になっていたことでしょう。

「嘘も方便」ということわざがありますが、これでは「時には」嘘をついてもいいという少し軽い表現になってしまいます。この言葉が認知症介護をしている人の救いになることもあるのですが、わたしは「嘘も方便」では軽すぎるとすら感じていて、やはり「嘘も100回つけば、真実になる」のほうが突き抜けていて好きです。

たとえ毎日がエイプリルフールになったとしても、自分を責める必要はありません。

「人生歴」に行動のヒントがある！

認知症の人が「人生をどのように生き抜いてきたか」を考えたことはありますか？

ご家族は、認知症になった今に注目しがちですが、実は遠い過去を知ると、今起きている認知症の症状の理由が分かることがあります。認知症の本には「人生歴」という言葉で紹介されています。まずは、わたしの実体験をご紹介します。

強く残っている若い頃の記憶

「お隣さんが、わたしを見て笑った」という認知症の母。最初は意味が分からなかったのですが、その後も「お隣の旦那さんが亡くなった」「お向かいさんは自分の家の前しか雪かきしない」など、とにかくご近所の話が多くなりました。

これらはすべて「妄想」なのですが、なぜ母はご近所の話ばかりするのか、理由が分かりませんでした。「亡くなった」と言い出したときは、直接聞くと失礼なので民生委員に事情を説明して確認したところ、ご健在でした。危なく香典を準備するところでした。

こんなこともあったので、試しに幼少期から結婚してわたしを産んだときまでの話をしてもらうことにしました。昨日のことは答えられないのに、60年前の学生時代のことはスラスラと話してくれました。すると、わたしを育てている時には決して語らなかった、母の苦労が見えてきたのです。

両親の離婚後、父親に引き取られた母。あまり家にいない父の代わりに、自分の妹を育てるため高校時代はアルバイトをしていたそうです。住む家も定着せず、8回も引っ越しをしたことを、昨日のことのように話してくれました。時には4畳半で見るテレビの音漏れが気になり、ふとんをかぶって妹と見ることもあったそうです。

苦労した学生時代を知ったわたしは、母が異様にご近所を気にする理由が分かった気がしました。母の妄想の向こうに、若かりし苦労の日々があったのです。認知症になった今も、その時のことが強く残っているのだと理解しました。

認知症の症状の理由が分かることも

認知症の人は、どんな青春時代を過ごしたのでしょうか？　戦争が忘れられない方、仕事で活躍された方、子育てや夫婦の思い出など、印象に残る出来事が必ずあるはずです。「今まで生きてきて、どんなことが楽しかった？」と聞いてみてください。いつもとは違う、鮮明な答えが返ってくるはずです。

徘徊《はいかい》に困っている方は、昔住んでいた住所や勤務先について聞いてみると、実は目的地がそこだったということがあります。デイサービスが嫌だという人も、取引先の社長が待っていると言えば、仕事と勘違いして急に行くこともあります。

クイズを出題されて解答がないとモヤモヤするように、認知症の症状も理由が分からないと介護する人はスッキリしません。「人生歴」から理由を探ってみると、解決することもあります。試してみてください。

同じ物を何個も買っても寛容に

認知症の母は、同じ食品を何個も買ってしまいます。最初は普通に注意していましたが、次第に認知症の人の買い物の心理や、介護者側としてやるべきことが見えてきました。

同じものをいくつも買ってしまったときの対処法で、よく見かける対処法は——。「お店側にあらかじめ事情を説明し、買いすぎた時には後で返品する」「店員さんに『明日のほうが安い。あとで自宅に送るから預かりますよ』と伝えてもらって買わせないようにする」「ご近所など地域と連携する」といったものです。

これらは小さい町や個人商店であれば有効ですが、人口の多い町に暮らす母の場合には、現実的な対処法ではありませんでした。

なぜ同じ物を買い続けるのか

その瞬間に必要だと思えば反射的に買う、母を見ているとそう感じます。昨日お店へ行ったこと、冷蔵庫の中身や賞味期限、今日の献立に必要な材料など、買い物で考えなくてはいけないことが抜け落ちます。そのため、不必要なものを重複して購入してしまいます。

手に取った食料品の賞味期限ですら、日付の感覚がないので意味を成しません。所持金でいくらまでなら購入可能かが分からないことも多いので、うちはあえて少し

多めにお金を持たせています。

何個も購入する食料品は、昔の買い物の習慣や隠れた目的があるように感じています。例えば見切り品は、お買い得という節約癖からつい購入してしまいます。ラーメンは息子においしいと褒められた記憶がうっすら残っていて、何度も購入するようです。息子においしいものを食べさせたいという母親の愛情を、ラーメンの重複買いを通じて感じることになるとは思いもしませんでした。

リハビリ費用と考える

対処法として最初にやったことは、単純に買い物メモを用意するということです。ヘルパーさんに買い物リストを作ってもらい、買い物に同行するデイサービスの職員さんに渡します。冷蔵庫の中の記憶がないならば、メモに残しておこうという考えです。

しかし、メモがあっても、気になる商品があると反射的に購入することも多く、いまだに重複します。わたしが一緒に買い物するときは、母の目を盗んでカゴから棚に戻すこともあります。

結局どうするかというと、買い物は「本人の買いたいものをそのまま受け入れる」という方法にしています。買い物は、「材料を探して歩く」「献立を考える」「鮮度のいいものを選ぶ」「お金を払う」など、判断することが多く、社会とのつながりのある行為です。「買い物療法」という言葉があるくらい、認知症の人にもメリットがあります。

「同じ物を何個も買うムダ遣いは、認知症のリハビリ費用」と考えることによって、わたしはイライラがなくなりました。購入金額がそれほど大きくないなら、社会とつながっていることをありがたいと思う、介護者側の寛容な気持ちも大切かもしれません。

もし、同じ食品が家にあったら、社会貢献をしてイライラを解消するという方法もあります。お住まいの地域にフードバンクがあったら、そこに寄付してみましょう。フードバンクは、食べ物に困っている人や施設（児童養護施設や母子世帯など）に、寄付した食材を届けてくれる社会福祉活動です。

「また、同じものを買ってきて！」と認知症の人を責めるのではなく、「食に困った人を、一人救うことができる！」と考え方を変えることで、認知症の人も、食に困った人も、両方救うことができます。介護する人の考え方一つで、イライラが社会貢献に変わるという一つの例です。

認知症介護が「楽しい」と思える瞬間

「認知症オンライン」というインターネットサイトを運営している株式会社ウェルクスが、介護職や介護家族を対象にしたアンケート調査によると、認知症介護を「楽しい」、「面白い」と感じたことがある人が88パーセントもいました。どんな時にそう感じるかというと、「認知症の人と信頼関係を築けたとき」、「予想外の言動に遭遇したとき」という結果が出ています。わたしも、母や祖母の予想外の言動に「楽しい」「面白い」と感じたことは、数えきれないくらいあります。

わが家のお決まりの朝食は「目玉焼き」。ひとつは黄身がつぶれ、もうひとつはこんもりとしたきれいな黄身の目玉焼きです。認知症の母は「必ず」、黄身がつぶれたほうを自分で食べ、息子にはきれいな黄身の目玉焼きを食べさせようとします。いろんなことが出来なくなっても、息子への愛情は消えないで残っている……。母の無意識な行動を見るたびに、認知症介護の面白さを感じます。

悪態をついていた認知症の人から突然、「いつもありがとう」、「迷惑かけるね」と不意に感謝の言葉をかけられて驚いた経験はありませんか？

予想もしていなかった介護者は、時に涙したり、イライラが吹き飛んだり、自分の生活のリズムを崩されたあとなのに、すべてを許せたりすることがあります。

自分の感情を素直に爆発させる認知症の人から発せられる言葉は、計算が一切ありません。飾らないから、ただの「ありがとう」にも重みがあります。頑張っている介護者だけが、時折もらえる「至極のプレゼント」。あの瞬間があるから、もうちょっと介護を頑張ってみようと思うのです。

認知症になっても忘れない息子への愛情

30度を超える、焼け付くような8月の朝。わたしは3年ぶりに緑で生い茂った実家の庭に立っていました。なぜ3年ぶりか。それは、認知症の祖母が庭の枝葉を、はげあがるまで切ってしまったからです。枝葉を必要以上に切ることも、認知症の症状の一つだったかもしれません。祖母が亡くなり、枝葉を切り落とす人がいなくなったので、3年かかって庭に緑が戻りました。

暑くなる前に庭作業を終わらせようと、松やもみじの枝葉を切り始めました。あまりの暑さに10分と経たないうちに、首からかけたタオルは汗でぐっしょりと濡れていました。わたしは台所にいる母に、こうお願いしました。

「コップに1杯、冷たーい水持ってきて〜」

「はい、は〜い」

手足が不自由で小刻みに震える母は、コップの中で波打つ水をこぼさないよう、台所から縁側までゆっくりゆっくり歩いてきました。

「ほら、お水!」

「プハー、うまい!」

カラッカラだったわたしの喉を、1杯の水が潤してくれました。飲み終わったコップを母に返し、再び庭作業を始めました。３年間放置された庭の枝木は伸びきっていて、梅の木は屋根よりも高く伸びていました。

「これは、１週間近くかかりそうだな……」

暑さと生い茂った木のせいで、庭でグッタリとしていました。すると、母が再び現れ、こう言いました。

「ほら、暑いでしょ、お水持ってきたわよ！」

コップの水を飲み干してから５分と経っていなかったのですが、今度は１リットルのペットボトルに水をたっぷりと持ってきてくれました。

「ど、どうもありがとう……」

「さっきも水、持ってきたよ」と危なく言いそうになったのですが、ペットボトルの水と一緒にその言葉も飲み込みました。窓際のカーテンの影に、一口だけ飲んだペットボトルを隠し、庭作業を始めました。母は、熱中症の心配をしてくれているんだろうなぁ……。そう思いながら三たび庭作業を始めたところで、また母が声をかけてきました。

「大変でしょ、少し休みなさい！」

母はまた、水の入ったコップを持って立っていました。

「えっ、あっ、あ……ど、どうも」

わたしのお腹は水で「たぷたぷ」だったので、母が居なくなったことを確認して、コップの水を木の根元に撒《ま》きました。

「何回、水持ってくるの！　もう！」

こう怒鳴ってしまう介護者もいると思います。しかし、すべてを受け入れたことで、母の息子に対する優しさに3回も触れることができたのです。水を運んだことをすっかり忘れてしまっても、暑さで倒れないかと息子を心配する気持ちだけは忘れずに、思い続けてくれたのです。

認知症介護で大変なことは、確かにあります。しかし、こういった何気ない日常に喜びや愛情、感謝を感じる瞬間が必ずあります。壮絶な認知症介護だけではない、こういった「楽しい」「面白い」瞬間を経験している介護職や介護家族が88パーセントもいるのです。

2　ものを通した認知症理解

壮絶で孤独な認知症介護から遠ざかるために、わたしは「ひと」に頼ることを大切にしています。医療・介護職の力も知恵も借りて、自分の人生を棒に振らないよう努力をし、素直に「助けて」と言うようにしています。

また「ひと」と同じくらい、「もの」にも頼っています。便利な「もの」が、認知症介護のつらさを解放してくれたり、わたしの身代わりになってくれたりすることもあります。この章では認知症介護における「もの」の大切さや、わたしが実際利用している「便利なもの」をご紹介していきます。

認知症の人は「真っ白な部屋」の中にいる

まずはじめに、認知症の人の頭の中をわたしと一緒に想像してみましょう。

あなたは今、何も身に着けていない裸の状態です。カバンも、時計も、何一つ持ち物はありません。そばにいた一人の友達が、あなたに目隠しをつけました。友達に手を引かれて部屋に入り目隠しを外すと、天井も壁も床も、360度どこを見ても真っ白な部屋です。そして友達は、あなたにこう告げます。

「今から1時間後に、迎えに来ます」

そういって静かにドアを閉め、部屋から出ていきました。何ひとつ手がかりのない真っ白な部屋に、あなたは一人残されてしまいました。

自分は北を向いているのか、東を向いているのか、方角も分かりません。時計もないので何時なのか、1時間経過したのかも分かりません。次第に不安になってきたあなたは、ひとりこうつぶやきます。

「あれ、迎えに来ない、おかしい……」

つぶやいても、何の反応もありません。次第に、昔の思い出が走馬燈《そうまとう》のように頭の中を駆け巡るようになりました。それが白い壁にも映り、現実のものとして見えるようになってきました。この部屋はどうなっているのだろう……。不安や孤独に押しつぶされ、気が変になってきました。何が何だか分からなくなったあなたはついに、

「ギャーーー」

と大声で発狂しました。それでも友達は迎えに来ませんでした。

認知症が進行すると、この真っ白な部屋が頭の中にできるのだろうと思っています。この不安を取り除くには、50年前の柱時計が必要でしょう、30年間使い続けた電気ポットが必要でしょう、40代の働き盛りの夫の写真が必要でしょう、学生時代の自分の写真もいるでしょう。

そうやって真っ白な部屋に「分かるもの」を増やしてあげることで、真っ白な部屋が真っ白でなくなって、認知症の人の不安が少しずつ解消されるのだと思います。

オランダの「true doors」という団体は、無機質で一律だった老人ホームのドアに昔住んでいた家と同じデザインのステッカーを貼って、デコレーションするという活動をしています。認知症の人にとって、病院や施設のドアはどれも同じで、自分の部屋がどこなのか分からなくなることもあります。施設や病院内での徘徊は、こういったことも原因の一つかもしれません。

このように「もの」が、認知症の人の記憶を呼び起こしたりすることもあるのです。

繰り返す「今日は何日？」に試した時計

「ひろ、今日は何日だっけ？」

認知症の母の目の前には、1カ月分の予定が書き込める紙の壁掛けカレンダーがありました。「カレンダーを見れば分かるでしょ？」と何も考えずに答えましたが、しばらくして、母には「カレンダーのどこが今日なのか」が分からないことに気づきました。

認知症の人が、同じ質問や同じ話を繰り返すことはよくあります。大阪市の松本診療所ものわすれクリニック院長・松本一生《いっしょう》先生によると、どんなに熟練した聞き手でも同じことを5回以上聞かれると、過剰なストレスになり疲弊することが分かっています。

「今日は何日？」と、1日30回以上質問をする母に、わたしは強いストレスを感じていました。そんなとき、ホームセンターにあったある商品が、わたしを救ってくれたのです。

デジタル電波時計なら

紙の壁掛けカレンダーのメリットは、1カ月全体の予定が分かることです。しかし、今日が何日かは表示されないので、デジタル電波時計を壁掛けカレンダーの真下に設置しました。

この時計のメリットは、今日が何月何日何曜日かを常に正確に表示することです。

母は、デジタル電波時計の日付と、壁掛けカレンダーを同時に見るようになり、今日を理解できたことで質問の回数が激減したのです。

　また、同じ質問に同じ回答を「口頭で」繰り返すと疲れますが、時計を「指さす」だけでよくなったので、ストレスも減りました。

　もう一つは、時間を瞬時に理解できることです。アナログの場合、針を読む必要があり、認知症の人には理解できないこともあります。デジタル電波時計は、日付も時間もカバーしてくれる認知症の便利商品なのです。

わが家ではお薬をきちんと飲んでもらうために、曜日別に、朝・昼・夜とポケットがあるお薬カレンダーを利用しています。しかし、今日が何曜日かまでは分かりません。デジタル電波時計を近くに設置したことで、母はきちんとお薬を飲めるようになりました。

新聞を読む習慣がある人は、当日の新聞の日付で今日が何日か理解する方法もあります。母も、新聞と壁掛けカレンダーを見比べることがあります。ただし、介護者が古い新聞をきちんと整理しておかないといけません。母は昨日の新聞を、今日のことのように読むことがあります。

日付なんて、忘れてもいい！

「日付すら分からなくなるなんて！」と落ち込む介護者は多くいます。介護する側は、日付くらい分かって当然だと思うかもしれませんが、みなさんも芸能人の名前を急に思い出せなくなることは、よくありますよね？

記憶にとどめておく必要がないものは、忘れやすいのです。認知症の人にとって、今日が何日かということがそんなに大切なのでしょうか？　認知症の人は、スケジュールに追われた生活をしていますか？　わたしも日付をよく忘れますが、なんとか生活できています。

季節感のない母が「そろそろ、冬が来るわねぇ～」と少し暑くなってきた5月に言うので、「冬も来るけど、その前に暑い夏が来るよ」と言ったら、母はえらく笑っていました。わたしは、母が日付を理解していないことを、素直に受け入れています。

「今いくつ？」に答えた「ろうそく」

母が、74歳の誕生日を迎えた時のお話です。

介護施設のレクリエーションでは、認知症の人に季節を感じてもらうよう、お正月やひなまつり、クリスマスなどを行いますが、同じようにわが家でも誕生日やクリスマスを意識的にやるようにしています。特に誕生日の時は、お寿司とケーキが定番で、ケーキには「ろうそく」を立ててお祝いします。

わたしはいつも、認知症で消えゆく記憶に一矢報《いっし》いたいと思っています。それは、素人のわたしがプロボクサーにパンチを一発当てるくらいの難しさかもしれません。それでも、母との「思い出作り」という悪あがきを続けることで、母の記憶のどこかに傷跡を残せるかもしれませんし、少なくともわたしの記憶には残るので、決してムダにはなりません。

年齢を「ろうそく」で表現するとき、74歳だったら、長いろうそくを7本と短いろうそくを4本用意するのが普通です。以前は大きなケーキを買ってお祝いしていたのですが、親子2人で食べたら胸やけが……。歳には勝てません。それでショートケーキでお祝いすることにしたのですが、今度はろうそくが多すぎて、おかしなことになってしまいました。

そこで思いついたのが「数字の形をしたろうそく（ナンバーキャンドル）」でした。「7」と「4」の数字の形をした2本のろうそくを用意して、ショートケーキに刺してみました。ろうそくに火をつけ、母にフーっと火を消してもらいました。そのろうそくを捨てるつもりだったのですが、母はこのろうそくを居間の飾り棚に飾っていました。これが認知症介護に役に立ったのです、なぜだか分かりますか？

母は、自分の年齢をやたらと気にします。ほぼ毎日、わたしは年齢の質問を受けます。

「ひろ、ところでわたしはいくつなの？」

そんな時、わたしはこう言って指さすだけでよくなりました。

「ほら、あの飾り棚に並んでいるろうそく、何て書いてある？」

「74……あぁ、74歳ね、もうすぐあの世行きだわ！」

まさか誕生日に使った数字のろうそくが、こんなに役に立つとは思いませんでした。

母の記憶の火はよく消えますが、このろうそくのおかげで再点火しやすくなりました。

最新式より慣れたものを

岩手の寒い冬を乗り切ってほしいと、親孝行のつもりで数年前に買った足温器があります。難病の母の足は特に冷たくなるため、必要と考えたからです。最初は母も喜んで使っていましたが、しばらくして家の物置を見ると、足温器はホコリをかぶっていました。

認知症になった母には、昔ながらの湯たんぽは理解できても、最新式の足温器は「使い方の分からない電化製品」に変化していたのです。

ＩＨクッキングヒーターは導入せず

昔のことは理解できても、新しいことを理解するのは苦手という足温器の経験が、役に立ちました。

独居の母は料理が上手で、以前は寮母でした。認知症と診断されたとき、かかりつけ医から「火事が心配だから、電磁調理器（ＩＨ）に変えなさい」と言われました。しかしＩＨは火が出ませんし、専用の鍋やフライパンを新しく購入する必要があります。数十年ガスしか使っていない母が、ＩＨの操作を新しく覚えられる気がしなかったのです。もし操作できず、料理自体をやらなくなってしまったら、認知症の進行が加速するとも考えました。なじみのないピカピカの鍋と操作方法が分からないＩＨがある台所は、74歳の母がいきなり東京で生活するくらいの環境の変化になると思えたのです。

結局、わが家は最新式のガスコンロに変えました。以前使っていたメーカーを選び、ボタンの数が少ない簡単なタイプにすることで、継続して使えるよう工夫したのです。鍋を置かないと火がつかない、鍋の温度上昇や震度4以上の地震で自動消火するなどの安全機能がついています。

以前は鍋を焦がすことも多かったのですが、今はこの機能が活躍しています。衣服に引火しないよう自分で注意できる人なら、わが家のような判断もありかと思います。

徹底して「慣れたもの」を使う

電化製品だけでなく、歯磨き粉やせっけんなどの日用品も、昔から使って慣れ親しんだものを買うようにしています。

ある日、いつもと違う別の歯磨き粉を購入したら、朝昼夜と歯を磨くたび「こんな

高級なもの、もったいない」と繰り返し言うようになりました。歯周病予防のできる高い歯磨き粉も、母にとってはえたいの知れない物でしかなかったのです。

　介護施設入居時に、嫁入り道具だったタンスなどの持ち込みができる施設があるのも、こういった生活環境の変化に配慮しているからだと思います。

　良かれと思って買った最新式のものが、認知症の人の自立を奪ってしまうこともあります。介護は「お世話すること」だと思いがちですが、長年続けてきたことを見守り、自立を支えるのも立派な介護です。

そのために、慣れ親しんだ環境を保つことがとても重要です。愛着のある物を大切にする気持ちを、特に意識してみてください。新しいものだらけにしてしまうことは、「真っ白な部屋」を介護する人が作り出しているようなものだと思います。

「ものを取られた」には、すぐ発見で解決！

「今すぐ、病院へ来てください！」

祖母が入院していた病院からの電話で、命の終わりが近いことを察しました。認知症の母を連れて急いで病院へ行こうとしたら、いつもの帽子がありません。白髪を隠して外出したい母と一緒に捜したのですが時間がかかり、最期の瞬間に間に合いませんでした。

常に物捜しをしているわが家では、「ものを取られた」という言い争いがよくあります。

盗まれた妄想

物がなくなる原因は、自分でしまった場所を忘れている母にあります。ところが母はしまったこと自体を忘れているので、身近な人が盗人扱いされることがよくあります。「娘が欲しいと言って取った」、「ヘルパーさんが持って行った」と本気で訴えます。

一般的な対処法として、話をそらす、間違いを指摘せず同情する、一緒に捜してあげるという方法があります。試してみたのですが、毎日物捜しをするわが家には不向きでした。その場しのぎでしかないこの方法では、翌日もまた同じことの繰り返しで、わたしがストレスを感じるようになりました。

一番の解決法は、捜しものをできるだけ早く見つけることです。

そこで、ネット通販で「キーファインダー」という商品を購入しました。なくしやすい鍵などにキーホルダーのような受信機を取り付けます。専用リモコン（送信機）

のボタンを押しながら捜し、近づくと「ピー」という音で受信機が反応し、見つかるという商品です。

母の財布やいつも持ち歩いている巾着袋など、よくなくす大切な物に取り付けています。外出前の時間がないときに、リモコンのボタンを押すと「ピー」という音で、ある場所を知らせてくれます。おかげで、物捜しの時間が大幅に短縮されました。また、音が鳴ったら「わたしがどこかへしまい忘れたのかも

ね」と言うこともあり、言い争いが激減しました。

宝探し気分で

わたしが購入したキーファインダーは赤・青・黄など色分けされています。赤は玄関の鍵、青は携帯電話というように色を決めて取り付け、鍵を捜す場合はリモコンの赤ボタン、携帯を捜す場合は青ボタンを押します。

キーファインダーや類似の紛失防止グッズは、ネット通販や家電店などで購入できます。価格は2千~5千円台。基本は家の中で使うタイプが多く、外でなくした場合は見つけられません。

泥棒扱いされるご家族は、どうしても感情的に反応しがちです。気持ちは非常に共感できるのですが、怒られたという感情だけは残るといわれている認知症の人にもよくない対応です。

こんなときわが家では「巾着はどこへいった~」と声に出して「宝探し」のようにし、言い争いを避けることもあります。親子で毎日宝探しをしていますが、たまにしまい込んで忘れた現金が見つかるという幸運もあります。

遠く離れても見守る目

高齢の家族と離れて暮らす場合、日常の健康状態や何かあった時の安否が心配です。在宅介護でも、仕事で外出している時は、同じように心配になります。遠距離介護をしているわたしは、二つの方法で不安を解消しています。

見守りカメラを設置

一つは「見守りグッズ」です。小型の見守りカメラを購入し、居間の高いところに設置しました。スマートフォンと連動し、カメラが撮影した室内の動画をスマホで見ることができます。価格は1万円前後からで、ネット通販や家電店などで売られています。別途、ネットの通信費が月数千円かかります。

見守りサービスには、電気ポットやガスの使用状況をメールでお知らせするものや、パソコン、携帯電話で認知症の人の居場所を確認するものなどがあります。生存確認はできるのですが、本当に見たい母の表情までは分かりません。

その点、見守りカメラは、母の様子をライブ映像で確認できます。東京でスマホのアプリを起動するだけで、岩手の母が食事をきちんととっているか、デイサービスに出かけているかなどチェックできるようになりました。毎日電話するわずらわしさもありませんし、カメラから音声が出て会話できるタイプもあります。

カメラは玄関や寝室など複数の場所に設置して切り替えられます。他の家族や親族とも共有し、みんなで見守りをすることが可能です。在宅介護の場合も、2階の自室から1階の寝室を見たり、職場から自宅の部屋の様子を確認したりできます。

朝、居間のカーテンが開いているだけで「今日も生きている」と安心しますし、お昼におそばをすすっている母を見るだけで、ホッとします。見守りカメラのおかげで、東京と岩手の距離が一気に縮まります。

玄関にもカメラを設置

玄関には、録画機能が付いたドアホンを設置しました。祖母の初盆の時、仏壇にお供え物があったのですが、認知症の母に聞いても誰が持ってきたか覚えていませんでした。そこで、来訪者がチャイムを押すと自動録画されるドアホンを購入することにしました。

すると、思わぬ効果がありました。高齢者を狙った訪問販売の対策になったのです。見知らぬリフォーム業者などがたくさん録画されていました。カメラがあることが分かったのか、不審な訪問者が減りました。

ドアホンの価格は1万～5万円前後で、家電店で購入できます。別途、設置工事が必要になる場合もあります。

価格が安いからといって、外国製の見守りカメラは購入しないでください。カメラが勝手に動いて、カメラから中国語が聞こえて来たという事例が報告されています。

ケアプランを工夫

もう一つは介護保険サービスのケアプランを工夫して見守る方法です。

ケアプランの内容を、デイサービス、訪問リハビリ、訪問看護・介護など、毎日誰かが家に来るようにしました。何かあった場合は東京にいるわたしの元へ電話が来るので、安心しています。

東京と岩手の遠距離介護が成り立っているのは、見守りカメラとケアプランを工夫したおかげです。介護サービスを活用して「ひと」に頼る、見守りカメラ、デジタル電波時計などの「もの」を活用する、「ひと」「もの」をうまく組み合わせて、介護をラクにしましょう。

希望をかなえるためのエンディングノート

自分のプロフィール写真を撮ろうと、プロのカメラマンのいるスタジオへ行ったときのことです。わたしのコチコチの表情を和らげるべく、女性カメラマンはシャッターを切りながら、話で場を和ませてくれました。

わたしが遠距離介護をしていることを告げると、彼女はこう言いました。

「実は、後悔していることがあって……」

聞くと、お母様を最近亡くされたとのこと。それで何を後悔しているのか改めて聞くと、こう答えました。

「カメラマンなのに、母の遺影を撮ってあげられませんでした」

この後悔から、遺影を撮影するカメラマンになりたいという話でした。わたしがエンディングノートを介護者に勧めていて、遺影以外にも生前に確認すべきことがたくさんあるという話で盛り上がりました。

「終活」という自分の最期を考え、今をよりよく生きるための活動がブームですが、その中にエンディングノートを作ることも含まれています。このノートは、残された家族が困らないように、自分の希望を記録として残しておくもので、書店や文具店で購入できます。

介護施設に入りたいのか、延命治療はするのか、葬儀は誰を呼びたいか、お墓はどこに入りたいか、銀行の口座はどこにあるのか……こういった「重要な判断や情報」を生きている間に、ノートに書き残します。認知症になる前や、母のように軽度の認知症であっても、意思を確認して書き残すことができます。

介護者の「代理判断」は負担が大きい

亡くなった祖母は認知症が進行していたので、本人の意思確認ができませんでした。「これでいいの？」と聞いたところで、何も返事はありません。結局、重要な判断をわたしや、わたしの母、おばが代理で行いました。代理判断に間違いがなければいいのですが、介護する側の勝手な判断で治療を止めたり、諦めたりすることもあります。祖母（当時89歳）の子宮頸がんの手術の際、もし心停止して心臓マッサージを行ったら、肋骨が折れる可能性があると言われました。そんな痛い思いをしてまで生き延びたいのかと、自問自答するしかありませんでした。祖母の本当の希望は、知る由《よし》もありません。

このように「重要な判断」を代理ですることは、介護者の大きな負担になりますし、間違った判断をすれば、一生後悔がつきまといます。「本人の意思」という最強のカードを前もって手に入れておけば、その通り判断すればいいので、介護者はラクです。「余計な延命治療はいらない」と分かっていれば、穏やかな最期をベッドの横で見守るだけでよく、何も慌てなくてすむのです。

祖母の命日に、認知症の母の意思確認を必ずしています。すでに5回、エンディングノートを書き換えていて、もし母に何かあっても、母の希望に沿った治療や介護を行うつもりです。

本人の希望通り、介護や治療を行うと達成感が得られます。逆に本人の希望に沿わない介護や治療をすると、後悔します。だからエンディングノートを使って、認知症のご本人の意思をできるだけ早く聞いて、書き残してください。死ぬ話をするなんて縁起でもないという方もいらっしゃいますが、命の勝手な代理判断をしてしまうほうが、よっぽど縁起でもないと思います。

「もの」でも決して解決できない悩み

「気をつけて帰ってや」

岩手の母が、東京に帰るわたしを見送る時に必ず言う言葉です。

「また2週間後には帰ってくるからさ」

そういって玄関を閉め、5分かかる盛岡駅行きのバス停へと歩き出します。少し歩いたところで後ろを振り返ると、母はニコニコしながら小さく手を振っています。ちょっと歩いてまた振り返ると、まだ手を振っています。見えなくなるまで、手を振る母。わたしが小学生の頃も、こうやって見送ってくれたっけ……。

みなさんも家族を残して自宅へ帰る時、介護施設や病院に面会に行った帰りに、こういった場面を経験したことがあると思います。

この瞬間、45歳にもなって恥ずかしいのですが、強烈なホームシックにかかってしまいます。

「このまま、一人残して東京に帰って大丈夫だろうか」「ひょっとしたら、これが最後の見送りになってしまうかもしれない」

何とも言えない不安な気持ちや罪悪感、切なさが入り混じって、いつも胸がギュッと締め付けられる思いになります。年に何回も往復しているはずなのに、ちっとも慣れません。

昨日まで「デイサービスに行きたくない」と言って、わたしを困らせていた母。その前は夕方だというのに、朝ご飯の準備をしてしまい、わたしとつまらないケンカをしてしまった母。母が認知症でなかったら、笑顔で見送ることは絶対ないでしょう。

お互いわだかまりだけを残して、黙って東京へ帰るはずです。しかし、母は昨日までのケンカを忘れ、無邪気な笑顔で手を振って、いつまでもいつまでも見送ってくれます。

「あぁ……これが認知症なんだよなぁ」

東京へ向かう東北新幹線の車内で、認知症という病気の切ない部分をいつも感じています。どんなに「もの」やケアプランで見守り態勢を万全にしても、この別れ際の気持ちだけは万全にできません。

この切なさを解消する方法が、一つだけあります。それは、東京に無事着いたら、岩手に電話をすることです。

「さっき、東京に着いたよ」

岩手の母を安心させようと電話をすると、

「あれ、（元々）東京にいたんじゃないの？」

あのお別れの場面を、母はすっかり忘れています。「そうだよね、覚えてないよね」と自分に言い聞かせているうちに、笑いが込み上げてきて、切なさがきれいに解消されるのです。

3　視点を変えて気持ちをラクに

デイサービスに行く気にさせる

独居で話し相手がいない認知症の母が、デイサービスを利用するまで2年もかかってしまいました。祖母がデイを嫌がる姿を覚えていて、デイは怖いところだと思っていたからです。

かかりつけ医に薦められたデイに、まずわたし一人で見学に行き、とても気に入りました。その後、ウソをついて母を連れ出し、一緒にデイへしれっと入りました。帰ると言い出すかと思いきや、他の利用者さんと輪になって90分、地元の昔話で盛り上がりました。好感触を得たわたしは「こんなデイは他にはないし、あんなに盛り上がるなんてすごい！」と毎日言い続け、母をその気にさせて、デイに通うことになったのです。

デイサービスでの役割を決める

しかし、わずか1カ月で「行きたくない」と言い出す母。半べそをかいて、椅子にしがみつくこともありました。寒い冬の朝に90分かけて説得した日もあります。東京から電話で30分かけて説得したこともあります。仮病を使って、迎えに来たデイ職員を追い返してしまったことも、何度もありました。

困ったわたしはデイ所長に相談。「デイに行く目的や役割を決めることが大切だ」と教わりました。ただ通うのではなく、他の利用者のために料理をする、買い物をするといったデイの役割を決めたのです。

また、ヘルパーさんにデイへの送り出しをお願いしました。わたしには駄々をこねた母も、第三者の前ではシャンとして、行きたくないとは言いませんでした。

わたしも「母さんの料理が食べたいって、みんな言っていたよ」「母さんに会いたいという利用者さんがいるよ」という作り話を何度もしました。母は責任感が強く「わたしがいないとダメだ」と思ったようで、それからはデイに行くようになりました。

役割を与え、認知症の人が持つ性格を利用してその気にさせる。さらにヘルパーさんに送り出してもらうようになってからは、休むことがなくなりました。

「北風と太陽」

イソップ童話の「北風と太陽」。北風と太陽が、旅人の服を脱がせる勝負をします。北風は思いっきりビューッと吹きつけますが、旅人は服を押さえて離しません。太陽がジリジリと強い日差しを照りつけたことで、旅人は自ら服を脱いでしまいました。

ご家族は、北風のように力ずくでデイに行かせようとしていませんか？　自分が解放されたいという思いだけが先行していませんか？　太陽のように、認知症の人の心を動かす声掛けやアプローチが大切だと思います。

わが家の太陽エピソードをご紹介します。デイに持参するバッグをわたしが前日に用意するのですが、母にこう言います。「前の日から準備するなんて、さすが！」。すると母は「早めに準備しないと気が済まないタイプなの」と何もしてないのに得意気になり、気持ちよくデイへ行きます。

よいデイサービスの選び方

岩手県盛岡市で開催された、デイサービスのイベントに参加したときのことです。デイの代表が集結したのですが、いずれも他の介護施設で働いていた方々。なぜ辞めて独立したのかと理由を聞くと、経営者や管理者との考え方の違いでした。彼らが始めたデイは、お料理教室であったり、バイキング形式のランチを提供してみたりと、他にはない独自のサービスを打ち出しています。

独立してデイを開業されるような方々は「認知症の人のために」という志や思いも強いので、既存のデイとは違ったサービスを提供しているところが多いように思います。わたしはそのイベントのまとめとして、こう言いました。

「介護家族がデイを選ぶときは、独立して開業したところがいいみたいですね」

ケアマネに聞いて、そういったデイを探してみてください。できれば、経営者の志や理念を直接会っ

デイサービスに行きたがらない時どうすれば？

○デイサービスが本人に合っているか介護者が自分の目で確かめる
○デイに行く役割を設定する
○その気にさせる〝太陽〟のようなアプローチが大切

て聞いてみてください。母もそういったデイを利用していて満足しています。

「悪口」には「肯定」で返す

「あのヘルパーさん、なんか好きになれない！」

「無理やりデイサービスに連れて行こうとする」

認知症になる前の母は優しくて温かい理想の母親でした。しかし現在は認知症の症状からか、人に対してつい悪口を言ってしまいます。

認知症の人に同調すると……

母の悪口は、わたしにとって心地よいものではありませんでした。1度や2度ではなく、何度も悪口を言います。対処法を本で調べると、介護者は「そうだよね、分かる分かる」と否定せず、同調しなさいと書いてありました。実際にやってみたのですが、今度は自分の良心が痛みました。なぜならヘルパーさんは買い物、ゴミ出し、デイへの送り出しなど頑張っているのです。それなのに悪く言うなんてありえないと思いました。

介護者は、俳優のように演じればいいともよく言われます。認知症の人の話に適当に合わせておけばよく、あくまで演技なのだから良心も痛まないという意味なのですが、わたしの性格上、悪口はストレスでしかありませんでした。何かいい方法はないだろうかと考え、あることを試してみました。

肯定的な回答で自分も元気に

認知症の人は、否定された事実は覚えてなくても、否定されたことによるイヤな感情だけは残ると言われています。

「何言ってるの！　ヘルパーさん頑張っているでしょ！」

と母を怒ってしまうと、怒られた原因は忘れ、わたしに対して何かイヤな目にあったという感情だけが残ってしまいます。そこで、このように言いました。

「いやぁ、あのヘルパーさんすごいよ！
あんないい人いない！」

これは自分の本心であり、意見です。決して母を否定しているわけではなく、ただ自分が思っていることをポジティブ（肯定的）に伝えたのです。

最初の頃は「あら、そう？」という反応で、悪口は続きました。しかし、来る日も来る日も悪口に対してポジティブに返事し続けた結果、母はこう言いました。

「そういえば、ヘルパーさんよくやってくれているわね」

まさか母からおほめの言葉を聞ける日が来るとは思いもしませんでした。悪く

言うと、母はわたしの意見に洗脳されてしまったのかもしれません。しかし母の表情は明るく幸せそうに見えました。泣きながらポジティブなことを言う人はいないように、言葉によって表情も変化したのです。

どうしてもネガティブ（否定的）な言葉を聞くと、介護する人はストレスを感じてしまいます。1日に何度も繰り返されるので、介護する側も疲れてしまいます。しかし、ポジティブな言葉を発し続けることで、自分自身も元気になるし、母のネガティブな言葉も減ったのです。

わたしは、発した言葉が現実の世界に影響を及ぼす「言霊」を信じています。母にはポジティブな言葉で、自身の人生を幸せに歩んでほしいと思っています。

「ほめて」お互い笑顔に

認知症の人を、ほめたことはありますか？

日々の介護ストレスから「ほめる気なんて全くしない」「これだけお世話しているのだから介護しているわたしをほめてほしい」と言う人もいるかもしれません。しかし、介護する自分がラクになるためにも、認知症の人の笑顔を見るためにも、ぜひほめてほしいのです。

ほめてその気にさせる

認知症の母は、デイサービスで他の利用者さんに料理を振る舞ったことがあります。味の評判がよく、デイ所長よりおほめの言葉をいただきました。「おいしかったって、連絡があったよ」と母に伝えると、上機嫌になりました。

しかしある朝、母はデイに行きたくないと言い出しました。そこで母に「おいしい料理をまた食べたいってよ」とほめたところ、急にデイに行く準備をし始めました。

きれい好きだった母も、掃除をする機会が減りました。台所の床にはホコリや髪の毛が落ちていて、鈍感なわたしでも気づくほどでした。最初は「あれだけきれい好きだったのに、掃除しないの？」と促したのですが、「ちゃんと掃除やってます！」の一点張りでした。

そこで、わたしが掃除をした後にこう言いました。

「やっぱりキレイだといいね、気持ちがスッキリするよね」

と母をほめ、手柄を譲ったのです。すると翌日、久しぶりに母が掃除機をかけていました。ほめたことで母はその気になったのです。

良く効く「ほめる薬」

三重県の榊原白鳳病院の認知症専門医・笠間《かさま》睦《あつし》先生は、ほめることについてこう言っています。

「認知症に対するリハビリテーションの基本は、『ほめる』ことです。ですから、難しい課題を与えてはいけません。達成可能にして成功体験を繰り返し、目いっぱいほめて、モチベーション・生きがいを高めていくことが大切なのです」

できないことが増えていく認知症の人を、ほめてその気にさせて生きがいを失わないようにすることも、介護する人の役割のひとつだと思います。

認知症の人は忘れてしまっても、介護する人だけが覚えているつらい思い出はたくさんあります。そういった思いがトラウマになって、ほめることが難しいかもしれません。しかし、ほめることで認知症の人が生きがいを感じ、症状の進行がゆっくりになってくれたら、認知症介護がラクになるとしたら、こんなにうれしいことはありません。

そして、ほめることは自分自身を笑顔に変えてくれます。その笑顔が、認知症の人の笑顔を引き出すこともあります。認知症の人を怒鳴ったり、注意したりする気持ちを一度抑えて、ほめてみてください。「それいいね」「さすがだね」と、嘘でもいいから話しかけてみてください。

どんな認知症のお薬よりも「ほめる」薬はよく効くので、母に何度も飲んでもらっています。たくさん飲んでも副作用はありませんから。

小さな「ありがとう」を繰り返す

いくつになっても親は親であり、子は子です。たとえ認知症になったとしても、その関係は変わらないのですが、母がわたしの子どものようになることもあります。

「この子はね、注射を見ただけでワンワン泣き出したのよ」

「この子を歯医者に連れて行くとね、病院の建物が見えただけで一歩も動かなくなるのよ」

母は点滴を打つ時に、決まってわたしの5歳の頃を思い出し、看護師さんにこの話をします。

「今はこの親子関係が、すっかり逆転しましてね」

過去を暴露され若干気まずいわたしは、こう看護師さんに言うこともあります。というのも、母はリハビリを止めたい、病院に行く必要はないと駄々をこねるので、泣きわめいていた5歳のわたしと大差ないのです。親に見守られて育ったのに、今は親を見守る立場になっています。

認知症の人を子どものように見てしまうこの視点が、実は認知症の人にたくさんの心理的な借金を背負わせることになります。

「お返しをしなくてはいけない」という心理

人は何かをしてもらったとき、お返しをしなければ申し訳ないという感情になるそうです。温泉旅行のお土産にお饅頭をもらったら、次は自分が旅行に行った時に何かを買ってお返ししようと思いますよね？

この心理状態を、介護の場面で考えてみます。トイレに連れて行ってもらう、シーツを交換してもらう、食事を食べさせてもらう、これらすべてが、認知症の人にとっては介護者への「借り」となり、本人の自覚がなくても心理的な負担になっていることもあります。その「借り」を返したくとも、認知症の人はその機会がないので、「借り」は雪だるま式に増えていきます。

皆さんも入院したとき、お見舞いに来た家族や友人に対して「申し訳ない」「いつか必ず恩返しを」という気持ちになると思います。この例からも、世話を受け続けることは心理的な負担になることを理解して頂けると思います。

認知症の人は、介護されたこと自体忘れている可能性は大きいですが、感情だけは残るというのは先にも書いた通りです。介護されっぱなしの毎日では、「申し訳ない」という気持ちを1年中、いや死ぬまで持ち続けることになってしまいます。どうしたら、認知症の人の「負担」を軽くすることができるのでしょうか?

小さなお仕事を作る

皆さんは、誰かに「ありがとう」と言われたら、どんな気持ちになりますか? うれしい気持ちになりますし、心地いいと感じると思います。しかし、「ありがとう」と言われるためには、何か相手に感謝されるようなことをしなくてはなりません。

認知症の人は、「ありがとう」を言ってばかりで、「ありがとう」を言われることがほとんどありません。その機会を増やすために、小さな仕事を作って認知症の人に依頼するのです。

母はかろうじて料理ができるので、1日3回は食後に「ごちそうさまでした」と感謝の気持ちを伝えることができます。食後のコーヒーを準備してもらうという小さな仕事をわざわざ作って、「ありがとう」を言うこともあります。この小さなお仕事は、認知症の症状が進行していたとしても、簡単に作ることができます。

「そこの新聞取ってくれる?」「ありがとう」

「シーツ交換するから、横向いてもらっていい?」「ありがとう」

「お薬飲んでもらっていい?」「ありがとう」

お世話されっぱなしの認知症の人に小さなお仕事を作って、「ありがとう」と感謝を伝えることで、「申し訳ない」という思いが解消され、うれしい気持ちになるのです。

一つ注意して欲しいのは、「すみません」と言わないことです。落とし物を拾ってもらったとき、「ありがとう」ではなく「すみません」と言ってしまうのは、手間をかけて申し訳ないという謝罪の意味が含まれています。「ありがとう」のほうが、「すみません」より素直にうれしいと感じるのは、わたしだけではないと思います。

小さなお仕事をたくさん作って、小さな「ありがとう」を繰り返すことで、認知症の人との貸し借りのバランスをとりましょう。そして、感謝されたときのあのうれしい感情を、認知症の人にもたくさん味わってもらいましょう。

10秒我慢で心を切り替える

認知症の人が夜中に起きてしまう、ご飯を食べたばかりなのに「ご飯はまだ？」と言うなど、認知症の人の突然の言動に、介護する側はイライラしてしまいがちです。毎日のストレスの積み重ねから、何でもないことに対してまで怒ってしまうこともあります。そういったイラッとする感情を、瞬時に切り替える方法があります。

3分先の未来を考えてみる

わたしは認知症の母に対して声を荒らげてしまうと、必ず後悔します。母は悪くない、認知症という病気のせいだと分かっていても、つい言い過ぎてしまうことがあります。そんな自分が嫌になり反省するのですが、次の日また同じことを繰り返してしまいます。

そこで自分を変えるために、「3分先の未来を考える」ようにしました。今、母に対して怒りをぶつけてしまったら、必ず後悔や懺悔《ざんげ》の気持ちが3分後に襲ってくる。今怒りを我慢すれば、母もわたしも笑っていられるし、後悔することもないと考えるようにしたのです。

また、イラッとしてから10秒以内に発する言葉は、感情的できつくなりがちだといわれます。その10秒間をぐっと我慢し、3分先の未来を考えるようにしたのです。

「あしたの天気」は変えられない

「あした天気にしておくれ」とてるてる坊主を作ったところで、空は言うことを聞いてくれません。突然壁にオシッコをしてしまう認知症の人も同じで、行動は予測できません。どちらも、自分の影響を及ぼすことができないものです。

雨が降ったとき、空に恨みを言う人はいません。傘をさせばいいし、外出するのをやめればいいはずです。雨に対しては柔軟に対応できるのに、なぜか認知症の人には感情的になってしまいます。相手の気持ちを変えることはできな

イラッとする感情の抑え方

○「３分先の未来」を想像してみる
○自分自身が影響を与えることができないものに力を注がない

いのに……。

イラッとするかしないかは、自分自身が選択した結果だと思います。同じことを百回言われても平気という介護者もいるのですが、そういう方はイライラを選択せず、常にニコニコを選択しているのです。

雨はどうすることもできないけど、自分自身の心のあり方はいくらでも変えることができます。雨の日をゆううつだと考えるか、家でゆっくりできるとプラスに考えるかは自分次第です。いい選択ができれば認知症の人も穏やかでいられます。

わたしはこの方法を実践して6年目になりますが、成功率は8割くらいで、失敗することもあります。失敗するのは自分自身に余裕がないときです。仕事や人間関係などで悩みがあったりすると気持ちがいっぱいになってしまい、３分後の未来を描くことができません。

成功率を上げるために、まずは介護者ご自身をいたわり、余裕を持てる環境を整えてください。そうすると、自然とイラッとしない選択ができるようになります。そして、「真面目な介護」だけでなく、「遊びの介護」も取り入れてみてください。

母に「今日の昼、わたしは何を食べたの？」と5回質問されたら、6回目はクイズにすることもあります。

「ねぇ、何食べたと思う？」

「おそば……かな？」

「正解！　いいね〜、よくわかったね」

真面目で一生懸命な介護だけでは息が詰まるので、こうやって遊びも取り入れています。

介護者自身に余裕がないと

遠距離介護中、何度か風邪をひいたことがありました。新幹線のチケットをキャンセルして手数料を払うのが嫌だったので、ムリして東北新幹線に乗り、横になりながら、東京から岩手に帰ったこともあります。

小さい頃なら、母に「38度の熱がある」と言えば、氷まくらを持ってきてくれました。母の茶わん蒸しを食べるとなぜか熱が下がることが多かったので、何も言わなくても、枕元に茶わん蒸しがよく置いてありました。

しかし今は、母に「熱がある」とは言いません。なぜかというと、息子の病気を心配する思いが強すぎて、「熱は何度あるの?」、「病院に行ったの?」と、病んでいるわたしに何度も何度も聞くからです。心配する気持ちはありがたいのですが、フラフラな状態で言われると耐えられません。だから、母には熱があっても伝えず、こっそり病院に行ったり、市販のお薬を飲んだりして治します。孤独な戦いですが、このほうがすぐ治るのです。

風邪をひいて余裕がないような状況に近いことが、認知症介護している人によく起こると思います。熱だけではなく、ご自身の体調が悪かったり、精神的な余裕がなかったりすれば、認知症の人の言動がいつも以上につらく感じられます。

心のコップから感情があふれるように

「明日は、誰が来るの？」

何でもないこの一言も、1日10回ずつ、10年に渡って質問されたらイライラする一言に変わります。第三者は「なんで、怒るの？」と言いますが、毎日の積み重ねを知らないから、そう言うのです。どんなに普通の言葉でも、介護する人にとっては凶器のように思えてしまうことがあり、誰にも理解してもらえません。

普通が凶器に変わる時、それは心のコップにたまった様々な感情が、突然あふれ出すような感覚に近く、いつあふれ出すかも分かりません。

心のコップを深くして感情がこぼれないようにするためには、いい意味で「鈍感」になることです。

同じことを何回も言われると、介護する人はどんどん過敏になっていくのですが、わたしは38度の熱を間違って母に伝えたとき、「鈍感」でした。自分が弱っていたこともあって、いつもの凶器がぼんやりして分からず、母の攻撃を自然とかわすことができた部分もあったのです。

母が作る魔法の茶わん蒸しは、作り方を忘れてしまったのでもう食べられません。子どもの頃は一晩中看病してくれましたが、あの頃の母はもういません。それでもこの38度の熱で学んだ「鈍感」であることの大切さが、今の認知症介護に役に立っています。すべてを受け止めないでかわしてみる、言葉に過敏にならないでボーっと聞いてみる、「鈍感」であることも認知症と長くつきあっていく上で、大切だと思います。

「心技体」より「体技心」

スポーツ界でよく使われる「心技体」という言葉があります。精神力（心）、技術（技）、体力（体）をまとめたもので、心↓技↓体の順番が大切だという説もあります。同じように心を重視する例として「病は気から」ということわざや、「試合で結果が出ないのは、精神力が足りないから」というスポーツ解説もよく耳にします。わたしもまず心が大切だと思っていたのですが、ある二人の話を知り、考えを変えることにしました。

笑顔をつくる

ひとりはプロ野球、中日ドラゴンズの元監督の落合博満《ひろみつ》氏。そして、75歳で現役プロゴルファーの青木功《いさお》氏です。お二人は「心技体」ではなく、「体技心」の順番こそ

「体技心」実践してみよう

◯上を向いてスキップすると気持ちが上がる
◯笑顔を作ってマンガを読むと、より面白い
◯自分をいたわり、体調を整えて元気になると心の安定にもつながる

が大切だと言っています。まず健康で強靱《きょうじん》な体がないと、技も心も磨くことができないという考え方です。

「体」が先で、「心」が後からついてきた二つの話をご紹介します。

ある医師はうつ病の患者に「上を向いてスキップしなさい」と言うそうです。上を向くことで姿勢が真っすぐになり、スキップすることで楽しい気持ちになるのだとか。

また、箸のような細い棒を横向きにくわえてマンガを読むと、面白く感じられるというドイツの研究論文があります。棒を歯で挟《はさ》んで口角を上げることで、自然と笑顔に似た表情になるからだそうです。二つの話の共通点は、「体を強制的に動かしたことで心にいい変化が表れる」ことです。

わたしは認知症介護においても、「体技心」の順番が大

切だと考えています。介護する人の体調が良くなければ、認知症の人の介護はできません。ベッドから起こして車椅子に移乗する技も、体力があったほうがスムーズです。どんなに認知症の人の気持ちに寄り添っても、疲れ切った表情では相手には伝わりません。認知症介護はテクニックよりも、介護する人自身をいたわり、体調面をしっかりさせ、笑顔を作って接することが基本になると思います。

まずは自分のケアを

以前わたしは交通費を節約するため、7時間半かけて東京～盛岡間を深夜バスで往復していました。ところが十分な睡眠がとれず、母と祖母の認知症介護を始めたばかりということもあって、わたし自身が疲れてしまいました。さらに、会社員として働いていたので疲れからイライラし、母や祖母に優しい対応ができませんでした。

体力の大切さに気づいてからは、少し交通費が高くても新幹線を利用するようにしました。3時間で移動できるので、体力が温存され介護にもプラスに働きました。

介護する人の生活の中で、特に大切なのが睡眠時間の確保です。昼夜問わず過酷な介護生活を送った人が、殺人事件の加害者になるケースが多いという調査結果もあるくらいです。

認知症の人をお世話しなければならないと考える前に、まずは自分の体のお世話から始めてみてください。散歩でも体操でも、とにかくご自身の体力を充実させることが大切です。体力がつくと心の安定にもつながり、最終的には認知症の人の幸せへとつながります。

変化がなくても進歩だと考える

38度の熱が出たら、お薬を飲んで安静にしていると治ります。足の骨を折ったら、ギプスで固定すると骨はくっつきます。そうやって医学の恩恵を受けてきたわたしたちは、認知症という病気に対しても、同じような感覚を持ってしまいがちです。

認知症の人の老化のスピードは早い！

認知症は、基本的には治ることはありません。しかし、お薬などで進行を遅らせることができるため、医師に処方してもらってなんとか食い止めようと努力をします。

先にも紹介した杉山孝博先生は、すべての認知症に当てはまるわけではないとした上で、「認知症の人の老化の速度は非常に速く、認知症になっていない人の2倍から3倍のスピード」と言っています。認知症の人にとっての1年は、2歳から3歳分に相当するという意味です。

母に対して3倍のスピードを感じているかというと、そんなことはありません。認知症テストは、30点満点で20点くらいの成績を4年間続けています。いろいろありましたが、医療や介護の力を借りながら、一人で生活できています。

わたしはこの法則と母を比較して、何の変化もない日常を積み重ねていることは、認知症のお薬や日頃の接し方がうまくいっている証拠だと思うようになりました。

もし、現在74歳の母が3倍のスピードで老化していたら、86歳くらいになっているはずです。しかし、わたしにはどう見ても74歳の母にしか見えません。今のところは1年で1年分の老化をしている状態だと判断しています。

テレビなどで宣伝している健康食品やサプリメントを購入し、1週間で止めてしまったことはありませんか? すぐに効果が表れると期待し過ぎてしまい、その通りにならないからと諦めてしまった経験があるかもしれません。介護者も、認知症介護に対して同じようなイメージを持っていないでしょうか。

母にも健康によさそうな食べ物やサプリを工夫していますが、短期間で何か大きな変化があるわけではありません。ただ、症状は悪化しておらず、現状を維持できているので、きっとこれが正しいのだろうと思いながら続けています。

穏やかな生活を1日でも長く

認知症は進行するという前提のもと、治療やさまざまな取り組みに期待し過ぎず、ゆっくり穏やかな生活が1日でも長く続いてくれたら、わたしはそれだけで十分です。

すぐに効果が表れなくとも安定

した期間が1年、2年と続いていれば、日頃の接し方は間違えていないのだと思います。

お薬や健康食品を中断したら、元の状態に戻ったという話を取材で聞いたこともあります。大きな変化がないからと止めてしまったようですが、昨日と変わらない今日が迎えられるということは、実はすごい進歩なのだと信じています。

ラクな認知症介護の大前提となるお薬

ラクな認知症介護をする上で前提となること、それは認知症のお薬の種類や量が、認知症の人に対して正しく処方されていることです。ただ実際には、お薬の過剰投与や医師の間違った処方によって、介護者に本来不要な負担が強いられているという事実もあります。

一般社団法人抗認知症薬の適量処方を実現する会には、医師や家族から認知症のお薬による副作用の報告が２００件近く寄せられています。

わたしはこの会が主催するセミナーに参加して、お薬の過剰投与によって認知症の人が興奮したり、飲み込みが悪くなったり、歩けなくなったりする動画を見ました。一方で、お薬の量や種類を正しく調整した結果、症状がすぐ改善する例も見ました。やみくもに認知症のお薬を飲めば、進行を食い止められるというわけではなく、むしろ他のお薬以上に慎重に見極めないと大変なことになるということを学びました。

どんなに認知症の人をいたわり、適切な介護をしたとしても、間違った種類のお薬が処方されていたり、間違った量を処方されたりすれば、それらは意味のないものになってしまいます。お薬の知識のないわたしたち家族は、この現実にどのように対応すればいいのでしょうか？

お薬を飲んでからの変化を考えてみる

まず家族は、処方された認知症のお薬を飲んでから、あるいは量を増やしてから、症状がどのように変化したかを記録しておくことが大切です。急に元気がなくなったり、暴れだしたりといった大きな変化はありませんか？　もし、そういうことがあった場合、まずはかかりつけ医に相談してみてください。相談した後でも、お薬が変わらなかったり、さらにお薬の量が増えるようなことがあったりしたら、別の病院を受診することをお勧めします。

もう一つ有効な方法は、川越市にある池袋病院副院長・平川亘先生の書いた『明日から役立つ　認知症のかんたん診断と治療』（2017年、日本医事新報社）で、今飲んでいるお薬の種類や量をチェックすることです。

少し値の張る専門的な本ですが、充分家族でも理解できる内容になっています。わたしもこの本を持っていますが、認知症の人の写真が多く掲載されているのが特徴です。お薬を変更したり、量を減らしたりすることで起きた認知症テストの点数の変化、表情の変化を写真から読み取ることができます。

たくさんの事例が紹介されているので、認知症の人の状態と比較することができると思います。

相談と観察の癖をつける

医師から処方されたお薬は疑うことなく最後まで飲み切る、という考え方は一般的ですが、薬を飲んだあとの副作用などは、必ず注意すべきだと思います。副作用が激しく現れる場合は、医師への相談は必須です。また、認知症の症状が改善されないから、お薬の量がどんどん増えてさらに症状が悪化しているご家庭は、一度平川先生の本を読んでみる価値はあると思います。

わたしは認知症介護を始めてすぐに、この事実を知る機会に恵まれたので、お薬についての基礎知識は蓄えましたし、事あるごとにかかりつけ医に相談しています。新しい種類の認知症のお薬を母に飲んでもらう時は、飲む前の状態と飲んだあとの状態をしっかり観察する癖がついています。認知症の人の症状と介護者の感覚、そして医師の診断をよくすり合わせることが大切です。

お薬で１００パーセント、認知症の進行を遅らせることができると思わず、少しリスクもあるということを知って欲しいと思います。

「慣れる」が自分を守る

見知らぬ男性に突然言われた「ばか者！」

認知症の母が通う病院「なないろのとびら診療所」の家族会で受付をしていたとき、突然、80代くらいの男性からこう言われました。

「ばか者！」

一番困ったのが、目の前の人が認知症の人なのか付き添いのご家族なのか、見た目では判断できないということでした。道ですれ違った知らない人に「ばか者！」と突然言われたら、誰でもびっくりするのではないでしょうか？

しかし、介護をしているご家族の場合、認知症という病気を理解したうえで生活しています。この「分かっていること」がとても大切なのです。

先ほどの男性は認知症のご本人でした。その男性の奥様がわたしに「こういうの、慣れているでしょ？」と言いました。確かに、亡くなった認知症の祖母も突然怒り出すことがあり、初めての経験ではありません。しかし、あらかじめ分かっている祖母と、初対面の男性では「心の準備」に大きな違いがあったのです。

同じ時間を共にすることで、介護者は認知症の症状を理解していきます。どんなに大変な日々でも、その中で介護者自身を守ることを覚えます。

誰もいない部屋に「子どもが立っている」と言われたり、実の娘なのに「どちらさまですか？」と聞かれたりしたら、最初はその症状にとまどいます。それでも認知症だと分かっているので、驚きながらも納得し、次第に受け入れられるようになります。それが「慣れ」というものだと思います。

慣れていないから「ばか者！」と言われて驚くわけで、男性の奥様はいつものことと笑っていました。介護するすべての人に、この「慣れ」という能力が必ずあります。

どんなに大変な認知症介護もネタになる

母は、夜中にお漏らしをすることがあります。そのため、尿パッドをして寝てもらうのですが、捨て忘れて、ぬれたパンツと一緒に洗濯してしまうことがあります。

　尿パッドを洗濯機で洗うと、パッド内の透明な吸水材の粒が散乱し、大量に洗濯物に付着します。洗濯をやり直す必要があり、吸水材を洗い流して洗濯槽も掃除をすると2時間以上かかります。

　正直そんなときは、余計な仕事を増やしてくれたなと思います。しかし、何度か同じことが起きたとき、わたしの対応は変わっていました。「トイレに流してパッド

を詰めないだけでもありがたい」「この話、本に書くことができる」と思いながら洗濯していた自分が、「慣れている」ことに気づいたのです。

見たことのない認知症の症状に、誰もが初めは驚き、戸惑います。症状を受け入れられず、泣いてしまうこともあるでしょう。認知症の進行を感じ、ショックを受けることもあるでしょう。

しかし、介護者には「慣れ」という習性があります。毎回泣き崩れていては介護する側の身が持ちません。必ず自分自身で消化できる日が来るのです。「慣れ」は介護者としての成長の証しです。

悩みを書き留める効用

わたしは認知症介護で起きた出来事を、週3回ブログに書いています。4年で800本の記事を書いているうちに分かった、介護の記録をつける「三つのメリット」についてお話しします。

成長が分かる

介護の記録をつける一つ目のメリットは、介護を通して自分の成長が分かることです。

「なんで玉ねぎをしっかり炒めないのか、からい」——介護1年目にわたしがメモに書き留めて、かかりつけ医に報告した言葉です。認知症の母はじっとしていられないことがあり、ご飯が炊きあがる前に炊飯器のふたを開けます。玉ねぎも十分に炒めず、早く料理を終わらせようとします。この言葉を見た介護6年目のわたしは、こんな小さなことを医師に報告したのかと笑いました。

もしすでに介護日記をつけていれば、数年前の記述を読んでみてください。「こんなことで悩んでいたの?」と笑ってしまうなら、ご自身が介護者として成長した証しです。介護記録を書き残していたからこそそう思えるのです。

二つ目は自分の悩みがクリアになることです。テレビでインタビューを受けている人の字幕を注意して見たことはありますか？　「誰が」「どこで」などの言葉が、かっこ書きで追加されています。話し言葉だけでは視聴者に伝わらないから編集しているのです。話すということは、自分の頭の中では分かっていても、相手に全部は伝わっていないということです。

ペンでも、キーボードでも構いません。認知症介護の悩みを「文字で」書き出してみてください。分かったつもりの頭の中が、紙や画面によりはっきり表れることを体感できると思います。

自分の介護体験を誰かに伝える

三つ目は、いざという時、自分の介護体験を誰かに伝えられるというメリットです。

わたしはブログに「薄着のまま、真冬の外へ飛び出した」「要介護認定の時に限って、自分の年齢を言い当てた」などの日常を書いていました。この記事を読んだ、他の介護者から「うちも同じ」という共感の声や意見が寄せられるようになったのです。

自分の介護体験なんてそれほど価値がないと思うかもしれませんが、体験を知りたい介護者は全国に必ずいます。友人に話したり、新聞に投稿したり、介護の集いで発表してもいいでしょう。あなたの介護体験は、他の介護者を救う力があるのです。誰かのため、誰かに伝えるため書き留めるという目的をもつと、楽しく書くことができます。

介護の悩みを書き出すメリット
◯介護者としての成長が分かる
◯悩みがクリアになる
◯誰かに伝えることで共感しあえる

芸人は劇場でネタを披露するため、日常を書き留める習慣があるそうです。わたしも認知症介護で何か起きたらすぐメモしています。つらくて大変なこともありますが「これはネタになるぞ」と書き留める姿はまるで芸人です。

自分の頭の中にある介護のモヤモヤをスッキリさせるために、介護を誰かに伝えるためのネタ作りに、とにかく書いてみましょう。介護に向き合う姿勢が変わり、認知症の人に優しくなれる気がします。

そして実は、介護の悩みを書き出してみるのと同時に、「介護以外の悩み」も書き出してみるといいことがあります。

認知症介護の次に大きな悩みはなんですか？

みなさんは、認知症介護以外にもいろんな悩みを抱えています。自分の心の中にポケットがあるとして、そこに手を入れてみると「悩みのビスケット」がたくさんあるはずです。そのビスケットを、一度ポケットから取り出して並べてみて欲しいのです。

仕事で大きな悩みを抱えていませんか？　ご自身の健康問題、親族と仲が悪い、経済的な問題など、いろんな悩みのビスケットがあると思います。

何が言いたいかというと、「認知症介護だけ」が大変ではないということです。いろんな悩みがある中で、「認知症介護も」抱えているから、より大変になるのです。

わたしは40歳の時に、介護離職しました。会社を退職したことで、それまで抱えていた「仕事のストレス」という、かなり大きなビスケットを割ることができました。認知症介護よりも大きなビスケットでしたから、割って食べてみたらポケットに大きなスペース（余裕）ができました。個人で働いている現在は、収入が安定しないという新たなビスケットが追加されましたが、仕事や認知症介護よりもはるかに小さなビスケットです。

認知症介護というビスケットを、すぐ割って食べることはできません。しばらくポケットの中に入れておかないといけません。だったら、他のビスケットに注目して、そちらを小さくする努力も大切ではないでしょうか？

わたしの講演会やラジオを聴いた方から、「大変な介護をしている割に、そう感じさせない」とよく言われるのは、認知症介護以外の悩みを小さくしたからです。

「認知症介護」が、人生を狂わせるくらいの悪者に仕立てあげる風潮があるように思えるのですが、冷静に自己分析をしてみると、他の悩みが自分の人生に与えている影響も大きいです。認知症介護以外で、大きな悩みはなんですか？

先の見えない認知症介護に絶望しない方法

山を登る時、標高が何メートルなのか、登山ルートは、一緒に行くメンバーなど、計画を立ててから登ると思います。認知症介護もこのように計画を立ててからスタートできればいいのですが、多くの人が何も持たずに、雲で覆われた山頂に向けて一歩踏み出す……。そんな感じではないでしょうか？　一歩踏み出したあとも山頂は全く見えず、不安な気持ちのまま、山頂を目ざすしかありません。もし時計だけでもあれば、今日は3時間だけ登ってみようと、小さな目標は立てやすくなります。

認知症介護もはるか遠くを見て「この介護はあと何年続くのだろう」と考えるので

はなく、「とりあえず、今日は優しくしよう」、「この1時間は、何を言われても絶対怒らない」という感じで、目の前に小さな目標を立ててみるといいと思います。

わたしの母は、あとどれくらい生きるのでしょう？　全く見通しが立ちません。祖母と同じ90歳まで生きるとしたら、あと16年の介護が必要です。16年という長さに絶望する介護者もいると思うのですが、明日亡くなる可能性だってあります。とりあえずこの1年、1か月、1日、1時間という仮の区切りを見つけると、認知症介護が長いと絶望せずに済みます。

余命半年と言われた祖母に優しくできたり、1週間の寿命と言われるセミがはかなく思えたりするのは「終わり」が見えているからです。終わりあるものには優しくできますが、終わりないものには優しくできないのです。仮の区切りが必要なのは、終わりを作ることで優しくなるためのひとつの工夫です。

6年目の介護に突入しましたが、山頂は未だに見える気配はありません。それでも300メートル先の大木を仮の区切りにして、ゆっくり1歩ずつ進んでいる最中です。途中転ぶこともありますが、皆さんと一緒に前に進もうと思います。

4　ひとりで抱え込まずに

共感疲労から身を守る

「母の認知症介護をして6年目で、今も岩手と東京を往復しています」

私がこう言うと、眉間にしわを寄せながら「大変ですね」とお声かけいただくことが多いです。おそらくわたしの介護を想像した結果、自然とその表情になってしまうのだと思います。

他人の痛みや苦しみに共感するあまり、自分の心が疲れてしまうことを「共感疲労」と言います。

他の介護者の「つらさ」まで背負う必要はない

２０１１年３月の東日本大震災の時、津波の映像が繰り返しテレビで放映されました。被災していない人が被災地の状況を想像し、映像に入り込んでしまって精神的に疲れた人が多くいたといいます。職業では看護師や介護職、ボランティアの方がよく共感疲労を起こしてしまい、離職の原因になっているそうです。

同じようなことが、認知症介護の世界でも起きています。介護による無理心中や殺人事件などのニュースをよく見かけます。そんな時、みなさんは「かわいそうだ」「自分も一歩間違えば」という気持ちになるのではないでしょうか？　そういった思

いが強くなり過ぎてしまい、共感疲労を起こすことがあります。

認知症介護をしている人が集まる家族の会や、認知症カフェが地域で増えています。そういった場でも、この共感疲労がよく起きます。

介護者が悩みを話しているうちに泣き出し、聞いている周りの介護者も共感して泣いてしまいます。同じ環境で頑張っている者同士、その状況が痛いほど分かるからです。感情的になった介護者の語りは止まらず、参加している他の介護者がどんどん疲弊していくことがよくあります。せっかく悩みを解決するために足を運んだのに、他の人の悩みまで家に持ち帰ってしまうこともあるのです。

少し冷たいと思われるかもしれませんが、わたしは客観的に少しひいて話を聞くようにしています。それは共感疲労から自分自身を守るためでもあります。

おそらく、泣いている介護者は話すことでスッキリして

共感疲労を防ぐ

◯他人の痛みや苦しみに共感し過ぎると、自分が疲れてしまう

◯多くの介護殺人のニュースは、介護者を疲弊させる

◯自分自身を客観的に見る

いるはずです。そのつらさや悲しみを、代わりに背負う必要はありません。自分にも介護すべき人はいるのです。

認知症介護を経験した人にしか分かり得ない世界は、確かにあります。その世界に足を踏み入れたからこそ、他の介護者に強く共感できるのだと思います。

しかし、共感もいき過ぎると、今度は自分が疲弊してしまいます。あなたが倒れてしまったら、誰が認知症の人を介護するのでしょう。ご自身を守ることが実は一番大切だということを忘れないでください。

自分の人さし指で、眉間を触ってみてください。今、しわはありますか？　共感疲労していませんか？　もし眉間に力が入っているようでしたら、スッと力を抜いてから本を読み進めてくださいね。

信頼のできる医師を探す

「なぜ、認知症介護の悩みは尽きないのだろう――」

有名な医師、介護職など専門家が、悩みの解決方法をテレビや本、新聞などで紹介しています。介護する家族は、頼りにする相手を間違えていないのに、なぜか悩みが減る気配はありません。専門家のアドバイスは間違っているのでしょうか？

アメリカのマサチューセッツ工科大学のパブソン博士は「1日1時間勉強すると、1年で一つの分野の専門家になれる」と提唱しています。この説を認知症介護に置き換えれば、介護する

家族は認知症の人と一緒に過ごす時間のすべてが「勉強」です。ですから、その人を介護する「専門家」になることができます。

信頼できなければ医師を変える

医療や介護の専門家が紹介する認知症の症状は、代表的なものが多いので、全員が同じ症状を示すわけではありません。必ず個人差があります。

例えば、「もの取られ妄想」は、身近な介護者が一番に疑われるといわれています。しかし、うちの場合はわたしではなく、遠い義弟が犯人扱いされます。母の認知症のタイプは万引きすることがあるといわれていますが、母は一度もしていません。専門家の症例が当てはまらないのです。

一方で医師・介護職の強みは、認知症の事例を数多く知っていることです。医療・介護の専門家の客観的なアドバイスと、認知症の人自身の専門家である介護者の情報のすり合わせが必要です。

わたしは母が認知症になった時、半年間で三つのもの忘れ外来に行きました。病院を変えた理由は、わたしの話をじっくり聞いてくれなかったからです。悩みに対し家族の中にある「答え」を一緒に探してくれる医師こそ、理想の専門家だと思います。

認知症は、医師との付き合いが長期にわたる病気です。その医師を信頼できなければ、介護者自身も長期間ストレスを抱えることになります。他の病気以上に、対話のできる医師を見つけることが大事になってきます。

施設や病院に預ける時の不安を解消

認知症のご家族を、介護施設や病院などに預けると安心すると思いますが、人に任せるがゆえの不安もあります。祖母のように、病院のベッドから飛び降りて大腿骨骨折をしてしまうこともあれば、ニュースの事件のように介護職員から暴力の被害を受けてしまうかもしれません。

鹿児島県のある介護施設では、飲み込む力の弱い80代男性がロールパンを食べて窒息し、意識不明の重体になるという事件がありました。家族は施設側に「ロールパンを小さくちぎるべきだった」と損害賠償を求めました。

施設や病院に預ける場合、こういった事故のリスクがあります。在宅介護でもリスクはあるわけで、100パーセント安全な環境など、どこにもありません。独居の母が、指を深く切っていたり、どこでぶつけたか分からないあざを見つけたりしたこともありました。

祖母が大腿骨を骨折したとき、病院での事故の裁判について調べたこともあります。50床のベッドに、3〜4人の看護師という病院もあれば、もっとひどい環境の介護施設もあります。防ぎ得ない事故がどうしてもあるのです。

徹底的に裁判で争うご家族もいると思います。しかし、わたしはこう考えて抜いた刀をさやに収めることにしました。

感謝を積み重ね、怒りと相殺する

骨折してしまったことは、祖母自身が原因でもあります。100パーセント病院を責めることはできません。同時に、1日3回の食事の世話、入浴やおむつ交換など、数えきれないほどお世話になったという事実もあります。

なので、日頃から施設や病院に足を運び、職員さんとコミュニケーションを多くして、信頼関係を積み重ねながら、感謝の気持ちを自分の中でプラスの点数として加算しておけばいいと、この事件を受けて思いました。仮に不慮の事故で命を落とし、マイナス100点のダメージを受けたとします。それでも、日頃からプラスの点数を貯金しておけば、マイナス100点をマイナス50点にできます。亡くなったという事実は簡単には消えないし、どうすることもできません。それでも、日頃の感謝を積み重ねておけば、「少しだけ」怒りを減らすことができると思いました。

毎月、高いお金を払っているのだから、きちんと介護ができて当たり前という気持ちだけでは、プラスの点数を積み重ねることはできません。丸投げからは、感謝は生まれません。

これは施設や病院だけの話ではありません。ケアマネ、ヘルパーなど介護職の方々がミスをしてしまったとしても、同じことです。

突然やってくる不慮の事故に備えて、日頃から施設や病院と信頼関係を育みながら感謝の気持ちを積み重ね、怒りと相殺して自分自身を守る……。そんな発想もありかもしれません。

認知症110番を活用

みなさんは「ティーチング」と「コーチング」という言葉を聞いたことはありますか？「ティーチング」は、指示や助言など答えを与えることで、医者や介護職から認知症に関するアドバイスを「一方的に」もらうことを言います。「コーチング」は対話の中から、わたしたち介護者の中にある答えを引き出してくれることを言います。

専門家のアドバイスが、自分の認知症介護に当てはまらなかったという経験がある方もいらっしゃると思います。認知症の症状は人によって違うため、一方的なアドバイスが役に立たないことがよくあります。

また診察室で、認知症の人が家とは別人になって、医師にハキハキと回答して驚いた経験はありませんか？　家での本当の姿を医師に伝えたい家族、なぜかいつも以上に元気な認知症の人、その状態で診断してしまう医師……。これでは診察になりません。わたしたち介護者の中にある悩みや答えを引き出せないと、本当の解決にはなりません。

認知症介護の悩みを電話で解決する

認知症予防財団が行っている「認知症１１０番」という無料電話相談をご存じでしょうか。

看護師、介護福祉士などの専門家が認知症の悩みに答えてくれます。「病院に行きたがらない」「相談相手がいない」という人にもお勧めです。

わたしが利用した際、電話に出た専門家が「ヒントを出すと介護者自身が答えを見つけることがほとんどです」と言ったこ

「認知症110番」
TEL０１２０（６５）４８７４
祝日と年末年始を除く月・木曜の午前10時～午後３時

とに驚きました。悩みを解決してもらおうと電話した人が、自分の中から自然に湧き上がる答えに気づくのだそうです。

２万件以上の悩みを聞いてきた認知症１１０番は、介護者の中にある答えを引き出しながら、認知症の専門家としてのアドバイスをしてきたからこそ、長く愛されているのだと思います。

また、公益社団法人「認知症の人と家族の会」という団体もあります。全国47都道府県に支部があり、介護家族、認知症ご本人などのつどいや電話相談などもあります。詳しくは、巻末にある連絡先一覧からお問い合わせください。

公的機関だけでなく「民間機関」も活用する

認知症など介護で困ったら、まずは「地域包括支援センター」に連絡しなさいとよく言われます。中学校の学区単位に一つはある、最初に頼るべき公的機関です。同時にわたしがお勧めしたいのは、第2、第3の相談窓口を「民間機関」で持つことです。「認知症１１０番」のような無料電話相談を利用するのもいいですし、近くにある認知症の家族の集いでも構いません。なぜ公的機関ではなく、民間機関を利用するのかというと、ムダを省くためです。縦割り行政という言葉を聞いたことがあると思いますが、役所のたくさんの窓口をたらい回しにされた経験はありませんか？

岩手県盛岡市にある「暮らしの保健室もりおか」という民間機関は、地元住民の医療、健康、介護相談の受け皿となっていて、地域包括支援センターとも連携していきます。公的機関に行った際に、ご自身の介護についてどう伝えたらいいのか、どの課を訪ねるべきかといったアドバイスを受けられるので、効率よく手続きができます。介護者は何をしていいか分からないことも多いので、いきなり公的機関に行くよりもムダが省けます。

「民は不安で、官は安心」というイメージがあると思いますが、認知症介護においては民も官も関係なく、たくさんの相談先があった方が、介護がラクになります。医者で言うところのセカンドオピニオン（違う医師に第2の意見を求めること）の発想と同じです。

わたしは東京と盛岡、合わせて7つの集いに参加したことがありますが、すべて民間です。参加者は20代から80代まで世代はバラバラ、認知症の症状も介護背景も違うので、本当に勉強になります。公的機関しか頭にない介護者が意外と多いので、民間機関も積極的に活用して、「情報」や「介護仲間」を増やしていきましょう。

おわりに――「なんとかなる」の心で

わたしは認知症介護の未来を、悲観的に見ていません。むしろ「なんとかなる」と考えています。なぜか？

１９８０年代「痴呆」と呼ばれた認知症の人々は、精神病院で隔離されていました。集団的に管理され、身体拘束など人格を無視した「ケア」も行われていました。しかし今は、それぞれに合った認知症ケアや、認知症の人を尊重する世の中へと変わってきています。

道半ばですが、この数十年で認知症のイメージは変わりつつあります。ひょっとしたら、根治する認知症のお薬が開発されるかもしれません。

「なんとかなる」と言っている介護者を見つける

認知症介護に関するニュースは「つらい」「大変だ」という内容が多数です。一方介護者の多くは、大変だという思いから早く脱出したい、もっとラクに介護をしたいと思っているはずです。なのに「大変だ」というニュースや番組ばかりを見ていては、さらに疲弊してしまいます。在宅介護の密着取材でも、認知症の人が暴言や暴力を振るうシーンばかりが放送され、それを見た視聴者は「やっぱり認知症介護は大変」という思いを繰り返しています。

わたしは「大変だ」と言っている話より、「なんとかなる、楽しくやっている」と言う介護者の話を聞くほうが好きです。「なんとかなる」と言う人は、どう工夫して介護をラクにしているのか、興味があります。そのアイデアを取り入れてより良い介護にしたいと願います。「介護はなんとかなる！」という貴重な介護者とおつきあいすることも介護をラクにする秘訣の一つで、わたしもその一人だと思っています。

認知症の人は過ちに寛容

皆さんは余計なことを言って相手を傷つけ、人間関係が悪くなった経験はありませんか？　どんなに後悔してもその失言は消えないし、いつまでも疎遠になっている方がひとりくらいはいるのではないでしょうか。

誤解を恐れずに言うと、母はありがたいことに認知症です。わたしがうっかりしてささいなことで母を責めてしまっても、母はそれを忘れてくれます。覚えていたらギクシャクしながら生活しなくてはなりませんが、母はいとも簡単にわたしの失敗を許してくれます。

認知症でない家族や親族は、同じような過ちに対して寛容に許してくれるでしょうか？　人の失敗を覚えていて、何かのきっかけで持ち出して責めるかもしれません。

認知症介護では、言い過ぎたりして失敗しても、またチャンスをもらえてやり直しができます。わたしは母との接し方を反省し、改善を繰り返しているうちに、他の人に対しても優しくできるようになりました。人間としてひとつ大きくなったと感じています。

注文をまちがえる料理店

認知症でない人の寛容さを試すイベントが東京・六本木で行われ、わたしも参加しました。その名も「注文をまちがえる料理店」。名前の由来は、岩手の作家・宮沢賢治の童話「注文の多い料理店」から来ています。

料理はプロが作るのですが、料理を提供するホールスタッフが認知症の人なので、時には注文を間違えてしまうこともあります。ハンバーグを注文したら餃子が出てきたというハプニングや、わたしが参加した時は料理を「お盆ごと」提供してしまうということもありました。しかし、参加したお客さんは認知症の人の間違いを気にせず、笑って許すという素敵なイベントなのです。

８００万円のイベント用資金をインターネットで集めたのですが、結果１３００万円近く集まり、テレビなどマスコミにも大きく取り上げられ大反響でした。それだけ多くの人が認知症という病気に興味を持ち、応援してくれたイベントでした。

認知症の人が楽しくイキイキと働く姿を見て、あまり認知症の人と接したことがない人も、「自分が思っている以上に、認知症の人は何でもできる」と驚いていました。

介護者だけではない、すべての人が認知症の人に寛容になることが、イベントの最初の目標です。しかし、本当の目標は、寛容の先にある「自然であること」でした。「認知症の人を特別視せず、認知症の人と共に生き、普通に生活することが当たり前の世の中になる。許したり受け入れたりではなく、すべてが日常になる」そんな深いメッセージがイベントに込められているように思いました。

母は認知症ですが、一人の人間です。認知症だからと過剰に意識する必要はないと思っていて、何事もなかったように自然に母と生活ができれば理想です。そんな思いから、ブログなどでは必ず、「しれっと、しれっと」という言葉で締めくくるようにしています。

僧侶の草薙龍瞬《くさなぎりゅうしゅん》さんも、心が劇的に健康になるためには、怒りも喜びもないニュートラル（真ん中）の状態を保つことが大切だと言っています。怒って喜んでの反復横跳びのような繰り返しで、心が消耗してしまうのだと。つまり「しれっと」認知症介護ができるようになれば、感情の山を平らに保つことができるようになるのです。

連載中に頂いた感想に勇気づけられる

本書は「しんぶん赤旗　日曜版」で連載された「知ってトクするしれっと認知症介護」（２０１７年2月～6月、計20回）をまとめて、大幅に加筆、編集を加えたものです。

連載中に頂いた感想は３００件を超え、20代から80代まで幅広い世代から感想を頂きました。新聞を切り抜いてスクラップしたり、友人や知人や子どもに渡したりしているという感想もたくさんありました。

「気持ちがラクになる」「読むと元気が出る」「癒される」「励まされる」「救われる」という声も多く、書いているわたしのほうが勇気づけられました。連載の続編を希望される方や、書籍化して欲しいという多くの声のおかげで、こうして本になりました。本当にありがとうございます。

別居中の父の在宅介護

実はこの本の執筆中に、母と別居中の父（76歳・要介護5）が悪性リンパ腫（血液のがん）と診断され緊急入院、余命1か月から3か月と宣告されました。

いつまでも疎遠になっている方がいるのでは？　と書きましたが、何を隠そうわたしと父のことです。祖母のお葬式で大ゲンカをして、4年間も音信不通でした。認知症でない父はそのことをしっかりと覚えていたので、認知症の母のように寛容ではありませんでした。

「真っ白な部屋」の話も、父が入院中に「せん妄（認知症と似た症状で、錯覚や幻視、妄想などがある）」になったときに思いついたものです。1か月の入院中、ただ病室の天井だけを見ていた父は「幽霊が見える」といい、時間感覚もなくなって、「家族が今後の治療方針を代理判断しなさい」と医師に言われたほどです。

小腸切除の手術を終え、体重は20キロも減りました。その後盛岡にある、母とは別のマンションで在宅医療や介護を受けました。せん妄もなくなり、父との関係は良好になりました。父の終わりが見えたから、優しくなれたのだと思います。わたしは東京を拠点に、盛岡市内2か所を行ったり来たりしながら、この本を書きました。

2か所の遠距離在宅介護を「大変だ」と思われるかもしれませんが、わたしは「なんとかなる」という思いでした。初めから厳しい介護になることは予想できたので、素直に「助けて」と言って、医療・介護職の皆さんの力を借りました。

また、父はエンディングノートを書ける状態でなかったので、病院のベッドで横たわる父に、終《つい》の棲家はどうしたいか、延命治療、葬儀の希望を聞き、録音しました。

「死にゆく人に、そんな質問はできない」

と妹は言いましたが、わたしは聞かない方が後悔することを祖母で学んだので、弱っている父に質問し、父の希望どおり自宅で看取る体制を整え、父も満足しました。

自宅に帰ってきてからの父は、驚くほどの回復を見せました。氷をなめることでしか水分をとれなかった人が、晩酌をするようになりました。ベッドの真横にあるポータブルトイレにすら行けなかった父が、歩いて家のトイレまで行くようになったのです。わたしは、在宅医療や介護がもたらす奇跡を見たような気がしました。

この本が発売される前に、出版記念パーティを、父と焼肉屋で行いました。明日にも死ぬかもしれないという思いからです。父は少しのビールを飲みながら、ロースを食べていました。また2週間後に会うことを約束し、後ろ姿を目に焼き付けてわたしは東京へと帰りました。しかしこの2日後、父は76年の生涯を閉じました。

父との最期の3か月は、本当に濃密でした。30年ぶりに一緒に温泉に入ったり、お酒を飲んだり、大ゲンカも死ぬ直前までやりました。音信不通の4年間を、3か月で取り返したような気がしました。

「生きているだけでありがたい」

認知症の母を見てそう思えるのは、父の突然の「死」と向き合ったからです。読者の皆さんも、認知症の人と過ごす「今という時間」を大切にして頂きたいと思います。死んでしまっては、一緒に笑うこともケンカすることもできないのです。

父との最期を読んで「共感疲労」されていませんか？　わたしは元気なので、どうかご自身と目の前にいる認知症の人をいたわってあげてください。

最後に、連載を担当してくださったしんぶん赤旗・日曜版編集部の古荘智子さん、この本を一緒に作ってくださった新日本出版社編集部の小松明日香さん、イラストを担当してくださった、くすかみみほさん、また、わたしの認知症介護をラクにするきっかけを作ってくれて、この本の推薦までしてくださった杉山孝博先生に感謝致します。

ブログ「40歳からの遠距離介護」は、インターネット上で現在も更新中です。気軽に遊びにいらしてください。


今日もしれっと、しれっと。

参考文献

◇『医者には書けない！　認知症介護を後悔しないための54の心得』（工藤広伸、廣済堂出版、２０１５年）
◇『医者は知らない！　認知症介護で倒れないための55の心得』（工藤広伸、廣済堂出版、２０１６年）
◇『最初に知っておきたい認知症』（杉山孝博、新日本出版社、２０１５年）
◇『嫌われる勇気』（岸見一郎・古賀史健、ダイヤモンド社、２０１３年）
◇『脳には妙なクセがある』（池谷裕二、扶桑社、２０１３年）
◇『暗示で５００％能力を引き出す勉強法』（内藤誼人、学習研究社、２００８年）
◇「わが家にいるようだ」老人ホームに革新をもたらした、ほんの少しのアイデア（平野星良、ＴＡＢＩ ＬＡＢＯ、２０１６年）
◇認知症介護を「楽しい！」と感じるのはどんな時？　介護経験者１００名に聞きました

（認知症オンライン編集部、認知症オンライン、２０１６年）
◇介護殺人疲れ果て　不眠、加害者の半数（毎日新聞、２０１５年）
◇被災していない人にも『共感疲労』という苦しみがある（香山リカ、ダイヤモンド社、２０１１年）
◇心が強い人は「無感情」を習慣にしている（草薙龍瞬、東洋経済オンライン、２０１６年）

「認知症の人と家族の会」連絡先（2017 年 10 月現在）

支部名	郵便番号	住所 （各開室日は祝日を除く）	TEL	FAX
北海道	060-0002	札幌市中央区北2条西7丁目かでる2.7 4階 〔電話相談〕月～金、10時～15時	011-204-6006	011-204-6006
青　森	031-0841	八戸市鮫町字居合1-3 〔電話相談〕水・金、13時～15時	0178-35-0930 0178-34-5320	0178-34-0651
岩　手	024-0072	北上市北鬼柳22-46 〔電話相談〕月～金、9時～17時	0197-61-5070 0197-64-5112	0197-61-0808
宮　城	980-0014	仙台市青葉区本町3-7-4　宮城県社会福祉会館2F 〔電話相談〕月～金、9時～16時	022-263-5091	022-263-5091
秋　田	010-0921	秋田市大町1-2-40　秋田贔屓内（月、10時30分～14時）	018-866-0391	018-866-0391
山　形	990-0021	山形市小白川町2-3-31　山形県総合社会福祉ｾﾝﾀｰ内 〔やまがた認知症ｺｰﾙｾﾝﾀｰ〕月～金、12時～16時	023-687-0387	023-687-0397
福　島	960-8141	福島市渡利字渡利町9-6	024-521-4664	024-521-4664
茨　城	300-1292	牛久市中央3-15-1　牛久市保健ｾﾝﾀｰ隣り 〔電話相談〕月～金、13時～16時	029-828-8089 029-828-8099	029-828-8089
栃　木	321-8508	宇都宮市若草1-10-6　とちぎ福祉ﾌﾟﾗｻﾞ 3F 〔電話相談〕月～金、13時30分～16時	028-666-5166 028-627-1122	028-666-5165
群　馬	371-0843	前橋市新前橋町13-12　群馬県社会福祉総合ｾﾝﾀｰ7F（月～金、9時～17時） 〔電話相談〕月～金、10時～15時	027-289-2740	027-289-2741
埼　玉	331-0825	さいたま市北区櫛引町2-271-1　川善ﾋﾞﾙ1-B 〔電話相談〕月～金、10時～15時、水・木は若年優先	048-667-5553	048-667-5953

千　葉	260-0026	千葉市中央区千葉港4-3　千葉県社会福祉ｾﾝﾀｰ3F（月・火・木、13時～16時）	043-204-8228	043-204-8256
		〔ちば認知症相談ｺｰﾙｾﾝﾀｰ〕月・火・木・土、10時～16時	043-238-7731	043-238-7732
東　京	160-0003	新宿区四谷本塩町4-41　住友生命四谷ﾋﾞﾙ（火・金、10時～15時）	03-5367-8853	03-5367-8853
		〔認知症てれほん相談〕火・金、10時～15時	03-5367-2339	
神奈川	212-0016	川崎市幸区南幸町1-31　ｸﾞﾚｰｽ川崎203号（月・水・金、10時～16時）	044-522-6801	044-522-6801
		〔かながわ認知症ｺｰﾙｾﾝﾀｰ〕月・水、10時～20時、土、10時～16時	0570-0-78674	
		〔よこはま認知症ｺｰﾙｾﾝﾀｰ〕火・木・金、10時～16時	045-662-7833	
山　梨	400-0867	甲府市青沼3-14-12	055-227-6040	055-227-6040
		〔認知症ｺｰﾙｾﾝﾀｰ〕月～金、13時～17時	055-222-7711	－
長　野	388-8016	長野市篠ノ井有旅2337-1	026-292-2243	026-293-9946
		〔電話相談〕月～金、9時～12時	026-293-0379	
新　潟	941-0006	糸魚川市竹ヶ花45　金子裕美子方	025-550-6640	025-550-6640
富　山	930-0001	富山市明輪町1-242-601　勝田方	076-441-8998	076-441-8998
		〔電話相談〕夜間毎日、20時～23時		
石　川	920-0813	金沢市御所町未10	－	076-238-5762（飯田宛）
		〔電話相談〕木、13時～17時	070-5146-1025	
福　井	910-0017	福井市文京2-9-1　嶺北認知症疾患医療ｾﾝﾀｰ	0776-28-2929	0776-63-6756
		〔電話相談〕	0776-22-5842	
岐　阜	502-0017	岐阜市長良雄総字法喜54	058-214-8690	058-296-7666
静　岡	416-0909	富士市松岡912-2	0545-63-3130	0545-62-9390
		〔認知症ｺｰﾙｾﾝﾀｰ〕月・木・土、10時～15時	0545-64-9042	
愛　知	477-0034	東海市養父町北堀畑58-1	0562-33-7048	0562-33-7102
		〔認知症介護相談〕月～金、10時～16時	0562-31-1911	
三　重	514-0821	津市垂水2772-75	059-227-8787	059-227-8787
		〔三重県認知症ｺｰﾙｾﾝﾀｰ〕月・火・木・金・土、10時～18時	059-235-4165	

滋　賀	525-0072	草津市笠山7-8-138　滋賀県立長寿社会福祉センター内 〔フリーダイヤル電話相談〕月～金、10時～15時	077-567-4565 0120-294-473	077-567-4565
京　都	602-8143	京都市上京区堀川通丸太町下る　京都社会福祉会館2F 〔京都府認知症コールセンター〕月～金、10時～15時	075-811-8399 0120-294-677	075-811-8188
大　阪	545-0041	大阪市阿倍野区共立通1-1-9 〔電話相談〕月・水・金、11時～15時	06-6626-4936	06-6626-4936
兵　庫	651-1102	神戸市北区しあわせの村1-10（月・木10時～17時） 〔電話相談〕月・金、10時～16時	078-741-7707 078-360-8477	078-741-7707
奈　良	631-0045	奈良市千代ケ丘2-3-1（火・金、10時～15時、土、12時～15時）	0742-41-1026	0742-41-1026
和歌山	641-0042	和歌山市新堀東2-2-2　ほっと生活館しんぼり内 〔コールセンター家族の会〕月～土、10時～15時	073-432-7660	073-432-7593
鳥　取	683-0811	米子市錦町2-235 〔電話相談〕土・日、10時～18時は携帯電話への転送対応 〔鳥取県認知症コールセンター・若年認知症サポートセンター〕月～金、10時～18時	0859-37-6611	0859-30-2980
島　根	693-0001	出雲市今市町1213　出雲保健センター内（月～金、10時～16時） 〔島根県認知症コールセンター〕月～金、10時～16時	0853-25-0717 0853-22-4105	0853-31-8717
岡　山	700-0807	岡山市北区南方2-13-1　岡山県総合福祉・ボランティア・NPO会館 〔電話相談〕月～金、10時～15時 〔おかやま認知症コールセンター〕月～金、10時～16時	086-232-6627 086-801-4165	086-232-6628
広　島	734-0007	広島市南区皆実町1-6-29　県健康福祉センター3F（月・水、10時～16時） 〔広島市認知症コールセンター〕月・水、12時～16時 〔相談室（広島県健康福祉センター内）〕火、13時～16時30分	082-254-2740 082-254-3821 082-553-5353	082-256-5009

山　口	753-0813	山口市吉敷中東1-1-2 〔電話相談〕月～金、10時～16時	083-925-3731	083-925-3740
徳　島	770-0943	徳島市中昭和町1-2　徳島県立総合福祉ｾﾝﾀｰ1F	088-678-8020	088-678-8110
		〔徳島県認知症ｺｰﾙｾﾝﾀｰ〕月～金、10時～16時	088-678-4707	088-678-4707
香　川	760-0036	高松市城東町1-1-46	087-823-3590	087-813-0832
愛　媛	790-0843	松山市道後町2-11-14 〔電話相談〕月～金、9時～16時	089-923-3760	089-926-7825
高　知	780-0870	高知市本町4-1-37　高知県社会福祉ｾﾝﾀｰ内	088-821-2694	088-821-2694
		〔ｺｰﾙｾﾝﾀｰ家族の会〕月～金、10時～16時	088-821-2818	088-821-2818
福　岡	810-0062	福岡市中央区荒戸3-3-39　福岡市市民福祉ﾌﾟﾗｻﾞ 団体連絡室（第三火曜を除く火・木・金、10時30分～15時30分）	092-771-8595	092-771-8595
		〔福岡県認知症介護相談〕水・土、11時～16時	092-574-0190	
佐　賀	840-0801	佐賀市駅前中央1-9-45　三井生命ﾋﾞﾙ4F　保険医協会内	0952-30-8704	0952-30-8704
長　崎	852-8104	長崎市茂里町3-24　長崎県総合福祉ｾﾝﾀｰ県棟4階（火・金、10時～16時）	095-842-3590	095-842-3590
熊　本	860-0845	熊本市中央区上通町3-15　ｽﾃﾗ上通ﾋﾞﾙ3F（水曜日除く毎日9時～18時）	096-223-5164	096-223-5164
		〔熊本県認知症ｺｰﾙｾﾝﾀｰ〕水曜日除く毎日、9時～18時	096-355-1755	096-355-1755
大　分	870-0161	大分市明野東3-4-1　大分県社会福祉介護研修ｾﾝﾀｰ内（火～金、10時～15時）	097-552-6897	097-552-6897
宮　崎	880-0806	宮崎市広島1-14-17	0985-22-3803	0985-22-3803
鹿児島	890-8517	鹿児島市鴨池新町1-7　鹿児島県社会福祉ｾﾝﾀｰ2F（月～金、10時～16時）	099-257-3887	099-251-3928
沖　縄	901-2314	沖縄県北中城村字大城311　北中城若松病院内	098-878-6015	098-878-6015

本　部	602-8143	京都市上京区猪熊通丸太町下る仲之町519番地　京都社会福祉会館	075-811-8195	075-811-8188
		〔ﾌﾘｰﾀﾞｲﾔﾙ電話相談〕月～金、10時～15時	0120-294-456	

工藤広伸（くどう・ひろのぶ）
1972年生まれ。介護ブログ「40歳からの遠距離介護」など、執筆を生業にしている介護作家・ブロガー。なないろのとびら診療所（岩手県盛岡市）地域医療推進室非常勤。認知症ライフパートナー２級、認知症介助士。40歳の時、認知症の祖母と母のダブル遠距離介護を機に、介護離職。現在も東京―岩手間の片道500キロ・５時間を、年間約20往復している。著書に『認知症介護を後悔しないための54の心得』、『認知症介護で倒れないための55の心得』（いずれも廣済堂出版）など。
ツイッター：@40kaigo
インスタグラム：hironobu_kudo
ブログ：http://40kaigo.net

がんばりすぎずに　しれっと認知症介護《にんちしょうかいご》

2017年12月5日　初　版

著　者　工　藤　広　伸
発行者　田　所　　稔

郵便番号　151-0051　東京都渋谷区千駄ヶ谷 4-25-6
発行所　株式会社　新日本出版社
電話　03（3423）8402（営業）
03（3423）9323（編集）
info@shinnihon-net.co.jp
www.shinnihon-net.co.jp
振替番号　00130-0-13681
印刷・製本　光陽メディア

落丁・乱丁がありましたらおとりかえいたします。

ISBN978-4-406-06179-7 C0036　Printed in Japan